저스트 고
시작하는 힘

저스트 고: 시작하는 힘

© 생명의말씀사 2024

2024년 6월 14일 1판 1쇄 발행

펴낸이 | 김창영
펴낸곳 | 생명의말씀사

등록 | 1962. 1. 10. No.300-1962-1
주소 | 서울시 종로구 경희궁1길 6 (03176)
전화 | 02)738-6555(본사)·02)3159-7979(영업)
팩스 | 02)739-3824(본사)·080-022-8585(영업)

지은이 | 김민정

기획편집 | 서정희, 김자윤
디자인 | 김혜진
인쇄 | 영진문원
제본 | 다온바인텍

ISBN 978-89-04-16883-5 (03230)

저작권자의 허락 없이 이 책의 일부 또는 전체를
무단 복제, 전재, 발췌하면 저작권법에 의해 처벌을 받습니다.

저스트 고

시작하는 힘

김민정

생명의말씀사

JUST GO

시작하지 않은 일은 모두 사라진다!

신앙의 변화와 성장을 위한
실제적인 32가지 조언

추천사

"하나님은 우리 인생에 모든 청사진을 보여주시지 않는다"라는 말이 있다. 우리는 모든 미래를 다 알고 안전한 결정만 하길 바란다. 매사에 주저하고 결국 아무것도 실행하지 못할 때가 많다. 그러나 하나님은 우리에게 주님을 전적으로 신뢰하고 보이지 않는 길을 걸어가 보라고 하신다. 저자는 하나님을 신뢰함으로 갈 바를 알지 못한 채 걸어가는 삶을 실제로 살아가고 있다. 시작하지 않으면 아무 일도 일어나지 않지만, 시작해 보면 하나님이 역사하신다는 믿음이 있기 때문이다. 하나님의 선한 결말을 믿고 한번 시작해 보라고 우리를 초대한다. 이제 행동하기를 원하는 모든 이들에게 이 책을 권한다.

박광리 (우리는교회 담임목사)

생각은 실천이 아니다. 성장과 변화는 생각만으로 절대 이루어지지 않는다. 시작이 반이라는 표현이 존재할 만큼 여전히도 수많은 사람들은 실천이 아닌 실천을 생각하며 고민의 굴레에 갇혀 있다. 내려오라. 그리고 행동하라. 이 책을 통해 당신은 첫 발을 내딛게 될 것이다. 첫 발이 땅에 닿는 순간 당신의 머리를 잠식하던 고민에서 완전히 해방될 것이며 '시작의 힘'이 당신 안으로 강렬하게 깃들 것이다. 이 책을 집어듦을 통해 '변화를 위한 손짓'을 느끼길 바란다. 지금과 똑같은 삶을 원하지 않고 달라지고 싶다면 주저 없이 이 책을 넘기길 바란다. 여전히 하나님은 당신을 향한 선한 결말의 꿈을 품고 계신다.

고윤 (페이서스코리아 대표, 『당신의 첫 생각이 하루를 지배한다』 저자)

CONTENTS

추천사   4
왜 시작하지 못할까?   14

PART 1.
왜 시작해야 하는가?

01 시작하지 않은 모든 일은 사라진다	· 20
02 강을 건너야 건너편 세상을 볼 수 있다	· 26
03 시작하지 않으면 기회조차 얻을 수 없다	· 32
04 시작은 나도 모르는 나의 가능성을 알게 한다	· 40
05 시작해야 하나님의 일하심을 경험한다	· 48
06 시작이 습관이 되면 실천은 아주 쉬워진다	· 54
07 시작하는 순간 이미 완료된 것이다	· 62

PART 2.
무엇이 나의 발목을 붙잡는가?

01	생각을 빨리 시작하라	• 70
02	고민을 빨리 끝내라	• 76
03	결정과 시작의 간격을 줄여라	• 82
04	핑곗거리를 만들어 정당화하지 말라	• 88
05	예상되는 장애물의 늪에 집중하지 말라	• 96
06	결과에 대한 환상을 버려라	• 104
07	미루지 말라_미뤄서 좋은 일보다 나쁜 일이 가득하다	• 110

PART 3.
어떻게 해야 시작할 수 있을까?

01	결정이 끝남과 동시에 아주 작은 것을 실천하라	· 118
02	그다음은 그다음에 생각하라	· 124
03	어려움을 만날 때 당연하게 여겨라	· 130
04	사람들의 평가에 연연하지 말라	· 136
05	하나님을 진짜 신이신 하나님으로 믿어야 한다	· 144
06	첫발에 비중을 두라	· 150
07	납득이 가지 않을 때 굳이 납득하려 하지 말라	· 156
08	하나님의 끝은 반드시 선하심을 믿어라	· 164

PART 4.
시작이 가진 힘을 지속하는 길은?

01	특별한 문제가 생기지 않는 한 시작한 일을 멈추지 말라	• 174
02	만족도를 낮게 잡고 지속하는 데 의미를 두라	• 180
03	시작한 일을 일상으로 만들어라	• 186
04	하나님의 뜻을 듣는 일이 습관이 되게 하라	• 192
05	시작을 통해 열매를 거두기 시작할 때 더 이상 두려움을 느끼지 않는다	• 198

PART 5.
하나님의 뜻을 어떻게 알 수 있는가?

01	하나님의 뜻은 성경에 가득하다	· 206
02	주변의 성숙한 사람들을 통해서 말씀하신다	· 212
03	내 고집을 내려놓고 기도할 때 말씀하신다	· 218
04	내 생각과 전혀 다른 생각을 주신다	· 224
05	상황 속의 필요를 보여주신다	· 230

하나님의 뜻을 알지만
늘 망설이는 자리에 있는 사람

나는 안 된다고 생각하는 사람

나와 다른 용감한 사람들이나 도전하는 삶을
사는 거라고 단정 짓는 사람

JUST GO

핑계가 끝없이 떠올라
행동에 옮기기 어려운 사람

신앙의 실천은 늘 작심삼일로 끝나고
결국 지루하고 반복되는
발전 없는 신앙에 무료해진 사람

하나님과 동행하고 있는지
늘 의심이 되는 사람들에게

왜 시작하지 못할까?

다른 사람들은 다 열심히 잘하며 사는 것 같은데, 나는 원래 용기가 없으니까 안 된다고 생각한다. 저런 일은 특별한 사람들이나 하는 일이라 치부하고 안전지대에서 벗어나지 않으려고 한다. 이것이 당신의 모습이라면 당신이 바로 이 책을 읽어야 하는 사람이다. 작년에도 재작년에도 그 전 해에도 특별한 변화 없이 발전 없는 신앙생활을 하고 있는가? 한 해를 보낼 때마다 작년과 똑같은 한 해의 반복이라는 생각이 드는가?

내 삶에는 왜 새로운 시작이 없을까? 그냥 그렇게 나를 놔둔 채 사는 삶에 익숙해지고, 지루해진 삶 가운데 있다면, 뭔가 변화가 필요하다.

무언가를 시작하는 사람은 힘이 있다. 그리고 그것을 지속하는 사람은 일정한 시간이 지나면 그 분야의 전문가가 되어 있다. 신앙적으로는 어떤가? 하나님의 뜻을 발견하면 그 뜻에 자신의 생활을 맡겨 실행에 옮긴다. 그런 사람은 시행착오를 경험하지만, 반드시 그 시행착오를 통해 새로운 배움을 얻고 발전한다. 그것이 신앙의 경륜이 되고, 삶의 역동성이 되고, 하나님을 더욱 가까이 알아가는 경험이 된다. 그렇게 한 계단 한 계단씩 오르며 자신의 삶을 하나님의 뜻으로 채워간다.

  무엇이 나의 삶을 붙잡고 늘어지는 걸까? 두려움? 게으름? 자기 비하? 생활 습관? 무엇이든 상관없다. 그것이 좋은 것이 아니라면 버리고 새로운 시작을 청해 보자.

  '시작이 가지는 힘'이 어떤 것인지, 그리고 그것이 어떤 새로운 세계의 문을 활짝 열어주는지 경험하며 나에게 주어진 하나님의 선물로써의 인생이 활력으로 가득 차길 기대한다.

PART. 1

왜
시작해야
하는가

시작하지 않은 모든 일은 사라진다
강을 건너야 건너편 세상을 볼 수 있다
시작하지 않으면 기회조차 얻을 수 없다
시작은 나도 모르는 나의 가능성을 알게 한다
시작해야 하나님의 일하심을 경험한다
시작이 습관이 되면 실천은 아주 쉬워진다
시작하는 순간 이미 완료된 것이다

JUST GO

01

시작하지 않은 모든 일은 사라진다

교회에서 가장 오래된 잘못된 인식 중 하나는 아는 것이 곧 자기 자신이라고 여기는 것이다. 예를 들어, 기도에 대해 잘 알고 있으니 자신을 기도하는 사람으로 착각한다. 성경에 대해서 수십 년 듣고 공부하고 외웠으니, 내가 성경대로 살고 있는 줄 안다. 하지만 그렇지 않다. 알고 있다고 해서 행하고 있는 것으로 착각해서는 안 된다. 행하려면 무엇이든 움직여야 한다. 아주 작은 것이라도 시작해야 한다. 시작해야 없던 것도 존재하게 만들 수 있다. 그게 시작의 힘이다.

어린 시절 나는 수영을 잘하는 사람과 글을 잘 쓰는 사람이 제일 부러웠다. 물이 무서웠고, 글은 익숙하지 않았다. 재미있게 글을 쓰는 사람들을 보면 그들의 재능이 부러웠다. 그렇게만 생각하다 보니 어느새 나는 제대로 된 글을 써 보지도 않고 스스로 '글을 못 쓰는 사람'이라는 믿음을 가지게 되었다.

그런데 처음 사역을 맡아 강의를 시작했을 때 사람들이 내 강의에 예상을 뛰어넘는 반응을 하기 시작했다. '왜지? 이렇게까지 인기 있을 리가 없는데?'라고 생각할 때, 한 집사님이 나에게 강의를 책으로 써 달라고 요청해 왔다. 그분의 제안은 매우 강력했고 집요했다. 병상에 누워 있는 사람이나 해외에 있는 사람들은 이 강의를 들을 수 없으니, 책으로 내면 더 많은 사람이 강의를 만날 수 있지 않겠냐는 것이었다. "제 강의가 뭐라고 그걸 해외에서 듣겠습니까. 그리고 저는 정말 글을 못 쓰는 사람입니다"라고 그 집사님을 피해 다녔다. 그러나 6개월 가까이 그분은 사랑의 마음으로 강권해 주셨고, 나는 그 강청에 응하여 글을 쓰기로 마음먹었다.

하지만 막막했다. 책을 즐겨 읽던 문학소녀도 아니었고, 국어를 그렇게 잘하지도 못했는데 내가 어떻게 글을 쓴단 말인가? 그렇게 고민할 때, 내 마음속에 '강의를 글로 옮기듯 해 보자'라는 마음이 들었다. 그렇게 나는 첫 책을 쓰게 되었다. 몇 쇄를 찍었는지 세어 보지는 않았지만, 복음을 쉽게 전하면서 전도할 수 있는 책으로 베스트셀러가 되었다. 그게 시작이 되어 매년 꾸준히 몇 권의 책을 집필하고 이제는 몇 권인지 세기도 어려울 만큼 많은 저작물을 갖게 되었다.

첫 책의 시작에서 내가 포기했다면, 지금의 나는 없었을 것이다. 집사님의 요청이 아니었다면 시작도 못 했을 것이다. 가장 약점이라고 생각했던 것이 글쓰기였으니 말이다. 하지만 어렵사리 첫 책을 내고도 그다음 역시 쉽지 않았다. 그다음 책, 그다음 책을 냈지만, 그때마다 몰려드는 자괴감, 창피함, 도망가고 싶은 마음들이 책을 쓰려고 할 때마다 내 마음을 사로잡았다. 서점을 다닐 때마다 수많은 양서를 보며 부끄러웠고, 내 책이 팔리기나 할까 하는 고민에 그만두고 싶은 마음이 매번 들었다. 책을 낼 때마다 그런 마음을 이기고 집필해야 했다.

그때 나를 일어서게 했던 것은 이 한 구절이었다. '생각은 날아가지만 글은 남는다', '생각은 사라지지만 글은 남는다.' 이 말이 나를 버티게 했다.

시작하지 않은 모든 일은 사라진다. 시작하지 않은 아이디어는 지나가 버린다. 그리고 누군가가 시작하면 그 아이디어는 그 사람의 것이 된다. 아! 내가 먼저 생각했는데… 하는 후회는 아무런 의미가 없다. 누구도 내가 더 빨리 생각했다는 데 동의하지 않는다. 아니 더 빨리 생각한 게 아무 의미가 없다. 누가 그걸 실현해 냈느냐가 중요하다.

시작하지 않은 모든 생각은 사라진다. 그 생각을 실천할 때 그제서야 흔적으로 남는다. 아주 작은 생각이라 하더라도 내가 글로 남기지 않으면 그건 사라져 버린다. 그러나 내가 용기를 내어 그것을 글로 쓰기 시작하면 그 생각은 책이라는 생명으로 이 세상에 존재하게 된다. 그게 좋았다. 흩어져 버릴 생각이 존재로 남는다는 것이 얼마나 큰 차이인가?

행하지 않으면 아무 일도 일어나지 않는다. 아무리 사랑해도 사랑한다고 말하지 않으면 사랑하는지 안 하는지 아무도 알 수 없다. 사랑하기 때문에 도와주고, 바라봐 주고, 위해 주지 않는다면 누가 그 사랑을 믿어줄 수 있겠는가.

쌀을 바라보고 있다고 밥이 되지는 않는다. 물을 바라보고 있다고 내가 강을 건널 수 없다. 시작해야 존재한다. 시작해야 생명력이 부여되고 움직인다. 시작해야 그 일들이 사라지지 않는다.

· 알고 있다고 해서 실행하고 있는 것은 아니다.
· 시작해야 뭐든 존재하게 된다.
· 시작하지 않은 생각은 모두 사라진다.

JUST GO

내가 실천하고 있다고
착각하는 것은 무엇이 있는가?
내가 실천할 수 있는 영역을 써 보자.

02

강을 건너야 건너편 세상을 볼 수 있다

2002년부터 여러 차례 미국을 방문했다. 한국 교회의 미래가 걱정되었고, 어떻게 하면 더 좋은 교회를 세워 나갈 수 있을지 궁금한 것이 많았다. 그럴만한 위치도 여건도 아니었지만, 그저 한국 교회를 향한 개인적인 열정이었던 것 같다.

그렇게 거의 해마다 미국을 방문했지만, 미국에 살고 싶다는 생각은 정말 1%도 없었다. 의사소통이 안 되고, 돈도 없었고, 나의 모든 터전은 한국에 있었으니 그런 생각을 할 필요도 없었다. 원하지도 않았고 가능성도 없었다. 그런데 갑자기 미국으로 가라는 부인할 수 없는 하나님의 사인을 받아 들였고, 그것을 실천하기 위해 수개월을 몸부림쳤다. 납득되지 않는 뜻을 받아들이기 위해 매일 산에 올랐다. 등산을 싫어했지만, 그때는 그것밖에는 다른 방법이 없었다.

산을 오르며 울며 기도했다. '하나님! 이게 가능한가요? 나에게 믿음을 주세요. 내가 포기하지 않고 이 뜻을 행할 수 있도록 도와주세요'라면서 매일 산을 올랐다. 나를 설득하는 시간이었고 포기하지 않고 아버지의 뜻을 따르겠다는 결단이기도 했다. 그렇게 우리 가족은 미국으로 갔다. 나는 매일 아침 아들을 학교에 데려다주고 밖으로 나갔다. 어디가 어디인지도 모르지만, 집에만 있으려고 간 것은 아니니 무료 영어 수업도 찾아서 듣고, 공원에도 가고, 걷기도 하고, 열심히 안식하려고 노력했다.

여행으로 간 미국과 사는 미국은 많이 달랐다. 미국에 갔을 때 하나님이 주셨던 마음은 안식이었다. 죽을 힘을 다해 남편과 개척했던 교회에서 쫓겨나고, 건강은 엉망이 되고, 주의 일이라면 물불을 가리지 않으며 살았던 덕분에 상처도 많이 받았다. 지칠 대로 지쳐 있었지만 일하던 습관이 나를 쉬지 못하게 만들었다. 그래서 안식을 숙제하듯 했던 것이다. 아침마다 갈

곳을 찾아 가급적 저렴한 곳으로 둘러보고 산책을 했다.

그러던 어느 날 한 공원 벤치에 앉아 두 발을 까딱까딱거리며 멍하니 발밑에 깔려 있는 잔디를 바라보고 있는데, 내 마음에 '이것도 예배다'라는 음성이 울렸다. 순간 눈물이 수돗물처럼 줄줄 쏟아져 내렸다. 아, 멋진 예배를 만들기 위해 얼마나 부단한 노력을 기울였던가. 휘장을 만들고 음향을 조정하고 리허설을 하고, 찬양팀과 성가대를 준비하고, 이리 뛰고 저리 뛰며 예배를 준비 했었는데… 그런데 나는 지금 할 일 없이 벤치에 앉아 잔디를 보다가 그 옆에 핀 아주 작은 풀꽃을 보고 '예쁘다'라고 생각했을 뿐이었다. 그런데 하나님은 '이게 예배다'라고 하시는 것이다. 그때 나에게 쏟아진 깨달음은 엄청난 것이었다. 풀잎 하나로도 예배할 수 있었다. 한 줄기 바람으로도 주님을 만날 수 있었다. 그렇게 미국에서의 시간을 새로운 눈으로 시작하게 되었다.

미국에 다녀오고 나서 나는 사람들에게 '도전하지 않으면 볼 수 없는 세상이 있다'라는 말을 종종 했다. 내 삶의 경험에서 우러나오는 말이었다. 시작해야만 볼 수 있는 세상이 있다. 만약 물을 바라만 보고 있었다면, 강 건너의 세상은 죽을 때까지 볼 수 없을 것이다. 강을 건너야 강 건너의 세상을 직접 볼 수 있는 것처럼, 시작을 해야만 볼 수 있는 세상이 있다.

  하나님은 이 세상을 너무도 다양하고 아름답게 창조하셨다. 그리고 우리 인간의 삶에도 무한한 가능성을 심어 놓으시고 그것을 누리기 원하신다. 한 달란트를 땅에 묻어 두었던 사람을 왜 책망하셨을까? 이놈아! 손해를 보더라도 그 소중한 걸 가지고 무언가 해 보지 그랬니. 뭐가 그렇게 두려웠니. 나를 그렇게 모르니?라는 안타까운 마음은 아니었을까.

  당신은 어떠한가. 얼마나 많은 좋은 생각들, 얼마나 많은 하나님의 손길, 얼마나 많은 당신을 향한 하나님의 뜻과 명령들을 지나쳤는가. 꼭 어려워서만이 아니라, 할 만한 것들조차 말이다. 장담컨대 실천을 시작한다면 이제껏 볼 수 없었던 새로운 세상을 보게 될 것이다. 도전하는 자들만 보는 전혀 예상할 수 없었던 그 좋은 것들을 말이다.

- 하나님의 뜻을 발견했을 때 포기하지 마라.
- 하나님은 우리에게 무한한 가능성을 심어 주셨다.
- 하지만 실천해야 내 것이 된다.

JUST GO

시작하지 못하고 있는 일은
어떤 것이 있나?

하나님이 나를 통해
어떤 일도 하실 수 있음을 믿는가?

03

시작하지 않으면
기회조차
얻을 수 없다

50세를 맞이했을 때 '앞으로 어떻게 살아야 하지?'라는 물음 앞에 서게 됐다. 이 '어떻게?'는 비단 재정 영역을 말하는 것만이 아니라 '어떤 방식'이라는 의미가 더 강하다. 어떻게 사는 게 잘 사는 걸까? 이전과는 다른 삶을 살아야 하지 않을까?라는 고민이다.

더 이상 젊지 않고, 예전의 수입을 가지기도 힘들다. 점점 자녀들의 독립이 가까워져 오고, 보다 의미있는 삶을 살고 싶어지는 때이다. 후반의 인생을 놓고 다시 스스로 자신에게 질문을 던지게 되는 것이다.

내 경우 답은 생각보다 쉽지 않았다. 고민은 몇 년 동안 질문이 되어 내 안에 머물렀다. 그 와중에 한 가지 분명한 소망은, 60세가 되면 목사로서 은퇴를 하고 싶다는 마음이었다. 이 시대의 목사로 사는 것에 대한 불편함 같은 게 있었기 때문이다. 끝없이 들려오는 교회를 향한 질타의 목소리와 그것을 인정할 수밖에 없는 현실. 그 질타 속에 나도 같은 목사로 머물러 있어야 하는 부끄러움. 하지만 한편으로는 '목사로서 나는 과연 무엇을 했는가'에 대한 자책도 있었다.

목사로서 내가 말만 많이 하고 사는 것 같았다. 여러 교회를 다니며 집회를 하면 많은 사람이 은혜를 받고 고마워하고 나 역시 보람을 느낀다. 하지만 내 일상은 어떤가? 내 일상의 생활도 존경할 만한가? 내가 심판 날에 주님 앞에 섰을 때 '주님! 저는 말로는 아주 잘하다 왔어요. 그래도 은혜를 많이 끼치고 왔어요'라고 당당히 말할 수 있을까? 하는 의구심이 떠나지 않았다. 주님 앞에 당당하고 싶었다. '나도 내 삶으로 한 걸음 한 걸음 주일부터 토요일까지 열심히 살다 왔어요'라고 말하고 싶었다.

그래서 60세가 되면 목사를 그만두고 일반 성도로 살면서 안 믿는 사람들을 사랑하고 동행하며 나의 일상을 잘 살아 보고 싶은 꿈이 있었다. 하지만 상상만으로도 불가능하다는 생각이 들었다. 서울에서 내가 만나는 사람은 거의 다 목사이고, 내가 목사인 줄 다 알고 있고, 그마저 만나는 폭도 너무 좁았다. 이 라이프 스타일로 과연 내가 소망하는 게 가능할까? 결국 그 바람은 50대 중반을 넘어서면서 그저 '그랬었지…'라는 기억 속으로 사라졌다.

그런데 예상하지 못하게 제주에 오게 되었고, 제주에 온 지 얼마 안 되어 발견한 사실들이 있었다. 하나님의 방식은 늘 그랬지만 이번에도 동일했다. 나는 하나님을 위해 순종하기 시작했건만, 그렇게 걸어가기 시작한 길이 여지없이 모두 나를 위한 길이었다.

제주에서 만난 사람들은 모두 안 믿는 사람들이었다. 제주에서 태어난 사람도 있고, 아주 오래 전에 제주에 정착해서 제주의 사람으로 살고 있는 사람도 있었다. 물론 나처럼 서울에서 온 지 몇 년 안 되는 사람도 있었지만, 대부분은 이곳 사람이라고 해도 손색이 없을 만큼 오래 제주에서 산 사람들이었다.

아주머니 너댓명이 모여 같이 뜨개질도 하고 수다도 떠는 모임이 자연스럽게 생겼다. 다들 나이를 까고 서열을 정해야 하는데, 내가 제일 나이가 많았다.

그중 한 명이 "목사는 너무 부담스럽고 왕언니로 할게요"라고 말했는데, 그 순간이 얼마나 기뻤는지 모른다. 내가 목사라는 사실을 말하지도 않았건만, 놀라운 현대 알고리즘이 그 친구들 SNS에 내가 설교하는 장면을 떡하니 보여 줬다고 한다. 알고리즘의 무서움을 이렇게 알았다.

난 '좋다 좋아' 하면서 그들의 왕언니가 되었다. 그렇게 자연스럽게 사람들은 나를 작가로 부르거나 언니로 부르기 시작했고, 그러던 어느 날, 문득 내가 60살이라는 사실을 깨달았다.

나는 10여 년 전부터 퇴행성 관절염으로 무릎이 온전하지 못했다. 그래서 결국 관절경으로 두 무릎 수술을 해야 했다. 그럼에도 계단을 오르내리는 일은 난간을 잡지 않고는 힘들었고, 비행기에서 캐리어를 들고 계단을 내려가는 일은 정말 너무 힘든 일이었다. 1993년 첫 개척을 했을 때 몸이 상할 만큼 심하게 일을 해서 몸이 많이 망가져 버렸다. 그 중 하나가 관절이었다.

나의 영원한 기도 제목은 늘 건강이었다. 나이에 맞지 않는 저조한 체력과 불편한 걸음, 심장병에 고혈압에 지병도 많았다. 다리가 아프니 운동을 하기 어려워 체중이 느는 악순환이 계속되었다. 그런데 제주에 와서는 걸을 일이 많아졌다. 서울에서는 집에서 책만 쓰거나 주일에 집회를 가거나 하는 일이 일상이었는데, 여기서는 다닐 일이 너무 많았다. 사람들의 대소사에 참여하고 도울 일도 많았고, 사람들과 걷거나 운동을 하기도 했다. 눈에 띄게 걷는 거리가 늘어나면서 자연히 다리 건강도 많이 좋아졌다. 심지어 그렇게 하고 싶던 필라테스도 할 수 있으니 더할 나위가 없었다. 어느새 계단을 뛰어다니는 나를 발견했다.

나는 하나님을 위해 제주에 온다고 생각했지만, 모든 건 내가 이제까지 기도했던 것들에 대한 응답이었다. 모두 나를 위한 것이었다. 늘 그랬었다. 내가 납득하지 못한 채 눈물을 흘리며 그 길에 도전할 때 그 길은 나를 위한 것이었다. 내가 하기 싫어 주저하는 마음을 접고 그 일을 시작하면 그 일은 나를 높여 주었다.

하나님은 늘 그런 분이시다. '나를 위해 해 주겠니?'라고 물으시지만, 결국 그건 하나님을 위한 것과 동시에 나에게 유익한 것들이었다. 그래서 이제는 주저하지 않는다. 하나님이 나에게 주시는 명령이 얼마나 나에게 좋은 것인지 알기 때문이다. 하나님이 원하시는 그 일이 바로 내가 바라던 것을 이루어 주시

시기 위함임을 경험했기 때문이다.

하나님의 명령 안에 나의 소원이 들어 있다. 그러니 시작하면 내가 소망했던 기회를 얻을 수 있다. 시작해야 그 길이 열린다. 내가 생각하는 곳에는 없었던 길이 내가 생각하지 못했던 곳에 있었다. 바다 밑에 길을 숨겨 두신 것처럼 바다로 밀어내시는 것 같은 명령에는 이유가 있었던 것이다.

바다 밑에 길이 있었으니 바다로 내모실 수밖에. 그러니 하나님의 뜻 앞에 '예. 가겠습니다!'라고 할 수밖에 없는 것이다.

- 하나님을 위해 순종한다고 하지만, 결국 그 길은 나를 위한 길이 된다.
- 하나님의 명령 안에 하나님은 나의 소원을 숨겨 놓으신다.
- 나를 바다로 내모실 때는 바다 밑에 길이 있기 때문이다.

JUST GO

하나님의 뜻에 순종했을 때
결과가 좋았던 적을 떠올려 보라.
고난 이후의 나에게 주어진 것이
무엇이었던지 생각해 보자.

04

시작은
나도 모르는 나의 가능성을
알게 한다

확신은 추진력을 만든다. 나는 부족하지만 그래도 하나님의 뜻이 맞다는 확신이 들 때, 그 일을 분명하게 밀고 나갈 수 있는 힘이 생긴다.

첫 책을 내려고 할 때 물어 물어 출판사에 원고를 보냈다. 어떻게 원고를 전달하는지도 몰랐던 때이고, 누가 내 글을 읽어주려나 하는 막연한 마음으로 한 달을 기다렸다. 기다리다 지쳐 편집자에게 연락해 한번 만나자고 요청했다. 그런데 편집자의 표정이 좋지 않았다. 글은 신선하고 좋지만 이미 새가족 분야에는 대형 교회의 유명한 거목이 있으시고 얼마 전에 거의 총괄서에 가까운 책이 나왔으니 내 책은 팔리지 않을 거라는 비보였다. 같은 주제로 유명한 분의 좋은 책이 있으니 이 원고는 묻혀 버릴 거라고 했다. 교회의 힘을 끼지 않은(담임 목사거나, 유명한 목사거나) 무명의 작가가 제대로 된 작가로 자리 잡는 일은 불가능에 가깝다고 했다. 나는 아무도 모르는 전도사였고, 심지어 무명의 여성 작가였으니, 내 책을 사줄 사람이 없을 거라는 통계적인 경험을 전해 주면서 돌아갔다.

내가 책을 쓰기로 한 데는 이미 말했던 것처럼 한 집사님의 강권도 있었지만, 또 하나의 계기가 있었다. 나는 전도사로 분당의 한 교회에서 사역했다. 그런데 그 교회가 소속된 교단은 여성이 강단에서 설교를 하지 못하는 곳이었다. 그래서 나는 사역을 하는 동안 한 번도 강단에서 설교를 한 적이 없다.

사임을 결정해 놓고 마지막 금요철야 기도회에 한 번 세워 주신 적이 있다. 사임 설교 같은 것이었다. 사역자 중에 내가 제일 나이가 많았고, 신학 박사 학위도 가지고 있었고, 신대원생을 가르치는 교수로도 일했었다. 목회 경험도 많았다. 그러나 여자라는 이유로 강단에 서지 못했다. 내 안에는 불같은 말씀의 열정이 있었지만 수요예배도, 어떤 모임도 본당의 강단에서 보지 못했다. 그러던 어느 특별새벽기도를 위한 기도모임이었다. '특새'를 하면 교역자들은 새벽 3시 반쯤 출근해 본당 강단에 올라가 준비 기도 모임을 했다. 그날도 특새를 위해 교역자들이 단에 올라 둥그렇게 앉아 기도하려는데 내가 그 강단에 털썩 주저앉으며 푸념 섞인 불만을 혼잣말로 했다. '에잇! 이 강단이 뭐라고 나는 단 한 번의 설교도 할 수 없단 말인가.' 하며 털썩 주저앉는데, 순간 하나님이 내게 이러시는 것이다. '설교를 말로 할 수 없으면 글로 써라.' 물론 그때는 내가 '누가 글로 쓰고 싶대요? 말로 하고 싶다는 거지'라고 투정을 부렸으나 그 순간이 내게 책에 대해 확신을 가진 순간이었다.

내가 설 수 있는 유일한 강단은 새가족 교육을 하는 시간이었다. 그 시간이 내게는 제일 소중했다. 복음을 들고 설 수 있는 교역자로서의 유일한 강단이었기에 전심을 다했다. 이게 내가 허락받은 유일한 단이라는 마음으로 그 한 시간 강의를 위해 강의 전 한 시간씩 매번 3년을 기도했다. 그리고 이 강의가 내 인생의 마지막 강의라는 마음으로 모든 것을 쏟았다. 그렇게 강의하면 나도 울고 새가족들도 울었다. 그 복음의 내용을 정리해서 책으로 내기로 한 것이다. 그 당시에는 전도 대상자

나 새가족에게 줄 만한 복음을 쉽게 설명한 책이 거의 없었다. 그래서 더 확신이 있었다. 복음을 잘 설명한 책이 필요하다는 믿음이 있었다. 그래서 편집자와 싸웠다.

편집자는 비관적이었으나 나는 달랐다. '이 책은 반드시 필요합니다. 이 세상에 나와야 합니다. 복음을 쉽게 전하고 영접할 수 있는 책이 아직 없습니다. 그래서 이 책이 필요합니다'라고 당당하게 맞섰다. 어디서 나온 힘이지 몰랐지만, 확신에 찬 얼굴로 편집자를 설득했다. 다시 생각해 보고 만나자는 이야기를 듣고 헤어졌다. 그리고 다시 만났을 때는, 이미 편집 부장님이 다른 책을 진행하기로 결정하셔서 스케줄에 껴줄 수가 없으니 글은 나쁘지 않지만 출간은 어렵겠다고 했다. 두 번째 거절이었다.

사실 나는 글보다는 내 강의에 확신이 있었다. 새가족들과 나눴던 그 은혜를 분명히 알기에, 복음을 통해 변화 받은 사람들의 얼굴을 기억하기에, 물러서지 않았다. 그리고는 '후회하실 겁니다. 저는 이 글을 가지고 다른 출판사로 가겠지만, 당신은 나중에 분명 이 책을 내지 않은 것에 후회하게 될 겁니다'라고 간 큰 소리를 내질렀다. 그러자 편집자가 갑자기 고민을 하기 시작했다. 그리고는 '나를 한 번만 더 믿어 보겠냐. 시간을 주면 내가 부장님을 설득해 보겠다'라고 말하고는 내 글을 가지고 다시 출판사로 돌아갔다. 결국 그 편집자는 부장님을 설득해 나의 첫 책을 출간하여 주었다.

예상과 다르게 내 첫 책은 그해 손익분기점을 금방 넘기고 수천 권이 팔렸다. 출판사의 요청으로 만든 다음 책은 2007년부터 지금까지 새가족분야 1등의 자리를 지키고 있다. 그 이후 이례적으로 출판사에서는 나에게만 1년에 여러 권의 출판을 허락했고, 지금은 언제든 원고를 주면 출판해 주겠다며 믿고 기다려 주는 저자가 되었다.

책 쓰는 일을 시작하지 않았다면, 나는 나에게 글 쓰는 재능이 있는지도 몰랐을 것이다. 말로 할 수 없으면 글로라도 하라는 그 말씀에 내가 반응하지 않았다면, 나는 내 안에 작가로서의 잠재력을 모른 채 여전히 글 잘 쓰는 사람들을 부러워하며 살고 있을 것이다.

나는 정말 내가 글을 못 쓴다고 확신했다. 그러나 가장 큰 단점이라고 생각했던 내 판단이 틀렸다. 내가 가장 부끄러워했던 단점이 내 인생의 가장 자랑스러운 장점이었다는 것을 글을 쓰기 시작하면서 알게 된 것이다.

  시작하는 힘은 나도 모르는 나의 가능성을 알게 해 줬다. 결국 하나님이 나를 가장 잘 아셨다. 그리고 하나님의 설득에 내가 동의할 때, 그리고 그것을 시작할 때, 단점의 가능성이 열리고 최고의 장점으로 가는 길에 들어서게 되었다. 책은 나를 설레게 하는 유일한 꿈이다. 어떤 사명도 이렇게 나를 설레게 하는 것은 없었다. 그래서 책을 쓸 수 있는 지금 나는 행복하다.

- 확신은 추진력을 만든다.
- 절박함은 좋은 시작의 원동력이 된다.
- 시작은 나도 모르는 나의 가능성을 발견해 준다.
- 하나님께 귀 기울이라. 그 안에 답이 있다.

JUST GO

나에게는 간절한
절박함이 있는가?

하나님이 나에게 원하시는
무언가가 있다면?

05

시작해야
하나님의 일하심을
경험한다

　　　　　시작은 하나의 도전이고 모험이다. 그래서 앞으로 일어날 일을 예상할 수 없다. 그러나 그래서 하나님과의 동행은 더욱 역동적이고 친밀하다.

만약 이스라엘 백성이 모세와 함께 애굽을 떠나지 않고 남아 있었다면 그들은 과연 어떤 하나님을 경험하면서 살게 되었을까? 여전히 노역에 시달리며 고통에 부르짖었을 것이다. 만약 또 한 번의 다른 모세를 보내 그들을 구원하시려 했다면 그들은 과연 동행했을까? 이스라엘은 불평불만했지만 다행히도 모세를 따라 홍해를 건넜다. 그들의 변덕스러운 태도와 감사한 마음이 없는 언행들은 성경을 읽는 모든 이를 화나게 만든다. 그러나 사실 역지사지로 나를 대입해 보면 우리 역시 그다지 다르지 않을 것이다. 어쨌든 그들은 가나안을 향한 길을 시작했다. 그리고 그 긴 여정 중에 놀라운 하나님의 일하심을 눈으로 몸으로 체험했다. 애굽에 있었다면 만나를 먹을 수 있었을까? 매일 그것을 거둬들이며 하늘에서 양식이 내려오는 것을 경험할 수 있었을까? 구름 기둥이 멈추고 일어서는 것을, 불기둥이 그들을 지키는 것을 경험할 수 있었을까? 그들은 하나님의 길을 걷기 시작하면서 하나님이 어떤 분이신지를 더욱 선명하게 보게 되었다. 그리고 그분을 경험했다.

아브라함은 이삭을 바치러 가는 그 길에서 여호와 이레의 하나님을 경험했다. 하나님의 일하심이 그들의 가는 길 가운데 언제나 긴밀하게 있었음을 우리는 알고 있다. 우리의 삶도 그렇다. 매일 반복되는 뻔한 일상을 지나가면서 하나님께 물을 것도 들을 것도 친밀할 필요도 없이 산다면, 마치 우리는 하나님과 일정한 간격을 두고 평행선에 서서 일상을 사는 것과 같다. 나는 그저 나의 삶을 살아가고 주일에만 잠깐 만나는 하나님으로 말이다.

그러나 하나님의 뜻에 민감하고, 그 뜻을 따르기로 결단하고, 그 뜻을 실천하기를 시작한다면, 달라진다. 하나님의 뜻을 구해야 하고 계속 물어야 한다. 도우심을 구해야 한다. 내가 하던 일이 아닌 새로운 것에 도전해야 하므로 하나님이 더 필요해진다. 그래서 하나님의 임재를 구한다. 그렇게 하나님과 더 친밀하게 동행하면서 일상을 살아가게 되는 것이다.

똑같이 직장의 일상을 살아도 완전히 다른 삶을 살 수 있다. 내가 살아가던 기계적인 직장생활이 아니라, 오늘 내가 만날 사람을 구하고, 내가 오늘 위로해야 할 사람을 찾고, 오늘 내가 이 직장에 있는 의미를 구하면서 산다면 나는 직장에서도 하나님과 동행하는 삶을 사는 것이다.

하나님의 뜻을 염두에 두는 삶은 언제나 하나님과 친밀하게 된다. 그리고 그것을 실천하는 그 시작부터 하나님의 일하심이 더 보이고 와닿게 된다. 그렇게 나의 일상이 역동성을 갖고, 신앙은 머리에서 손으로, 발로, 일상으로 퍼져나가는 것이다. 순종이 별거인가? 성경에 나오는 하나님이 기뻐하시는 모든 명령을 하나씩 실천하면 그것이 순종이고 산 제사이다. 대단한 음성을 들어야 사는 것이 아니다. 이미 기록된 성경의 말씀 안에 내가 어떻게 살아야 할지가 다 들어 있지 않은가. 그 하나 하나를 시작한다면 이미 하나님의 일하심 속에서 나도 숨 쉬고 있음을 느끼게 될 것이다.

신앙생활이 지루하고, 말씀도 와닿지 않고 교회에 다니는 것이 무슨 의미가 있냐는 회의가 든다면 어쩌면 그건 교회의 잘못이 아니라 근본적으로 내가 하나님의 뜻을 실천하는 삶을 살지 않아서일 수도 있다. 나와 하나님과의 관계는 어떤가? 하나님은 오늘도 나에게 필요한 존재이신가? 나의 필요를 채우기 위한 도구로서의 하나님이 아니라, 나의 존재가 하나님의 존재를 필요로 하고 있느냐의 질문이다. 하나님과 내가 한 팀이라는 마음, 하나님이 일하고 계심을 목도하는 기쁨을 누리고 있는가? 아무리 주옥같은 설교를 듣고 대단한 진리를 깨닫는다고 해도 삶이 없는 지식만으로 우리는 살아 있는 기쁨을 누릴 수 없다. 시작해야 한다. 하나님의 말씀을, 하나님의 뜻을 나의 일상에 실천하기 시작해야 한다. 그것이 직장이든 학교든 가정이든 동네든 상관없다. 내가 시작할 때 나의 신앙도 꿈틀꿈틀 생명력 있게 살아 움직일 것이다. 그게 바로 아버지께 드릴 산 제사이다.

하나님의 도우심은 그 길을 걷기 시작하는 사람들에게 더 선명하게 보인다.

- 시작은 하나님을 경험하게 하는 힘이 있다.
- 시작하는 자들에게 기적은 일상이 된다.
- 시작은 머리의 신앙을 손과 발의 신앙으로 바꿔 준다.

JUST GO

하나님이 멀게만 느껴진다면,
시작하는 삶을 시도해 보지 않겠는가?

하나님께 질문한다면
무엇을 묻고 싶은가?

06

시작이 습관이 되면 실천은 아주 쉬워진다

나는 학생 시절부터 교회를 열심히 다니며 하나님의 일하심을 주시했었다. 하나님 앞에 순종했을 때 그 이후의 하나님이 주시는 열매가 어떤 것인지를 기억했다. 고난이 와서 그것을 견디고 이겨 냈을 때 오는 은혜도 마찬가지였다. 그러면서 나이가 조금씩 들수록 하나님에 대한 신뢰가 더 쌓여 갔다. 그저 내 인생에서 만났던 하나님의 일하심만으로도 하나님이 어떤 분이심을 느낄 수 있었다.

하나님은 나에게 늘 선하셨다. 더 정확히 표현하면 나에게 하나님은 언제나 그 끝이 선하셨다. 물론 고난이 올 때는 긴 동굴 속에 있기도 했다. 당시에는 끝이 보이지 않아 터널이라 생각할 수도 없는 동굴이었다. 그 속에서 20년이라는 시간을 보내며 불평하고 싶지 않지만 불평했다. 너무 힘들었기 때문이다. 그러나 그때도 하나님의 선하심을 의심하지는 않았다. 끝날 것 같지 않은 고난 속에서 나는 이 땅이 아닌 천국에서의 회복을 기대했다. 그만큼 막연했지만, 그것도 나에게는 하나님의 선하심이었다.

그런데 하나님은 내 생각보다 더 빨리 나에게 응답하셨다. 천국에 간 뒤가 아니라 20년 만이었다. 그 사이에도 나에게 던져진 뜻이 있을 때는 주저하지 않았다. 나의 과거의 경험이 그 도전을 쉽게 만들어 줬기 때문이다.

처음 시작이 어렵지, 한 번, 두 번 해 보면 그렇게 두렵지 않다. 처음 도전할 때의 그 떨림은 이루 말할 수 없다. 그러나 그 도전 이후 하나님의 사랑을 경험하고 나면, 두 번째는 훨씬 쉬워진다. 그 두 번째 숨겨진 하나님의 사랑을 경험하고 나면, 세 번째는 더 쉬워진다. 확신은 점점 강해지고 하나님을 향한 신뢰는 더 다져진다. 그리고 하나님의 사랑 앞에 도전의 두려움이 사라지게 된다.

요즘 세대들은 생각이 많고 그만큼 행동하기를 힘들어한다고 한다. 시대는 휘몰아치듯 변화하고 전 세계를 휩쓴 질병이 창궐했다. 어떤 것도 검증되고 보장된 길이 없고, 두려움이 지배하는 세상이 되었다. 모두 컴퓨터 앞에만 앉아 가상의 세상에서 살아갈 뿐, 현실 세상에서의 실천이 너무 두려운 시대가 되었다.

그러나 우리가 사는 세상은 현실이다. 우리가 심판 날에 설 때도 현실 세계에서이지 가상의 세계에서가 아니다. 그렇다면 우리의 싸움은 현실 세계에서 해야 한다. 너무 두려워하지 말기를 바란다. 이 세상이 아무리 변하고 아무리 험해졌다고 해도 하나님 앞에 이 세상이 하나님보다 더 크거나 강하지 않다는 것을 믿어 보라. 이 세상만이 아니라 이 모든 우주를 만드신 분이 하나님이시다. 그 하나님이 나를 만드시고, 인도하시고, 지키시고, 보호하신다. 그리고 그 하나님이 나를 사랑하신다. 그 힘이 우리로 시작하게 하는 힘이 되는 것이다.

판단하기 어려운 시대이기 때문에 더욱 하나님을 의지해야 한다. 우리는 우리의 미래를 알 수 없지만 하나님은 그 미래를 알고 계시니까 더욱 그렇다. 나의 미래를 아시는 분, 이 시대의 미래를 아시는 분이 이끄시는 대로 용기를 내 나아가자. 현실 세상에서 하나님과 동행하며 사는 길을 택하자. 하나님의 뜻을 따라 한 걸음을 내디뎌 보자. 그 한 번을 할 수 있다면 그다음은 훨씬 쉬워질 것이다.

　나를 위해 일하시는 하나님을 보는 일은 정말 재밌다. 그래서 담대해진다. 쉬워진다. 나중에는 하나님이 원하시는 일에 즉각적으로 순종하는 습관이 생기게 된다. 거의 반사적일 만큼 말이다. 순종하는 생활이 일상이 되면 하나님을 향한 나의 믿음은 더 견고해지고, 나의 삶은 더 보람되어진다.
　이러한 삶이 세상의 성공을 보장하는 것은 아니다. 사람들의 평가는 하나님의 평가와 꼭 일치하지만은 않는다. 사람들은 더 유명해지고, 더 많은 업적을 세우고, 더 빨리 성장하고, 더 많은 영향력을 끼칠 때 박수를 보내지 않는가. 그러나 우리가 선택할 종류들은 그것과는 길이 달라야 한다. 높은 사람보다 고난받는 사람과 함께 하는 일, 타협하지 않고 신앙인의 품격을 지키는 일, 손해를 보더라도 투명하게 사는 일이어야 한다. 유명해지는 길 말고 의미 있는 일을 선택하는 일이고, 한참 성장할 때 오히려 멈추는 일이다. 각각의 일들 앞에 그 의미들을 분석하지 않고 그 결과를 예측하지 않는 것, 그저 주어진 그 뜻들에 집중해서 사는 것이다.

순종의 길을 시작함에 있어서 목표는 하나이다. 하나님을 기쁘시게 하는 것, 하나님이 원하시는 뜻을 실천하는 것. 그게 전부다. 그렇다고 나 역시 테레사 수녀처럼 거룩한 삶을 산 것은 아니다. 그저 단순하게 실천하려고 노력했을 뿐이고 그 기쁨이 어떤 것인지를 나누고 권하고 싶은 것 뿐이다.

우리는 죄인이다. 나 역시 목사로서 무능하고, 리더십도 별로 없다. 결혼은 실패했지만 가정은 잘 꾸리면서 자랑할 것 별로 없이, 생계를 위해 가리지 않고 일하며 여기까지 왔다.

그런 아주 평범한 가장의 삶 속에 점점이 박힌 하나님의 명령과 나의 순종들이 있었다. 대가를 바라지 않는, 세상을 역행하는 것 같은 결정들 속에서 하나님은 늘 나를 새롭게 살리고 계셨다. 그렇게 시작하는 삶이 내 생활의 습관이 되었다.

당신이 토로한 그 하나님께 가서 물어라. 당신을 인도하시고 당신의 앞길을 아시는 그 하나님께 물어라. 모든 순간 당신의 손을 붙잡고 있는 그분께 도움을 요청해라. 내가 어느 곳에 있든지 내가 어떤 생각을 하는지 내가 어떤 상황인지를 다 아시는 하나님께 요청해라. 바로 하나님께 아뢰고 바로 하나님께 질문하고 바로 하나님과 동행하라.

순종은 반복할수록 쉬워진다. 열매를 내 몸으로 경험하기 때문이다. 다음엔 더 쉬워질 것이다. 분명히.

순종은 반복될수록 쉬워진다.

· 변하는 세상을 두려워하지 말라.
하나님은 그보다 훨씬 더 크시다.

· 시작의 목표는 딱 하나이다. 하나님을 기쁘시게 하는 것.

· 시작하는 습관을 만들라.

JUST GO

무언가 시작하려 할 때
어떤 두려움을 느끼는지
생각해 보라.

급변하는 세상에서 미래를 아시는
유일한 분이 누구인가?

07

시작하는 순간
이미 완료된
것이다

신앙은 세상과 다른 신기한 구석이 있다. 세상은 결과에 집중한다. 그래서 어떤 시작을 했던 상관없이 그들의 결과가 어떤 자리까지 갔느냐에 집중한다. 그래서 세상은 언제나 '나는 이렇게 해서 이 자리까지 왔다'를 강조한다면, 신앙은 그 마음의 중심에 집중한다. 하나님이 원하시는 뜻을 위해 그가 어떤 마음으로 시작했느냐가 더 중요하다.

우리의 인생도 하나님 앞에서는 동일하다. 세상적으로 얼마나 알아주는 자리까지 왔는지, 얼마나 경제적인 안정을 누리고 있는지, 얼마나 명성과 영향력을 가지고 있는지에 따라 하나님께 판단받지 않는다. 내가 하나님 앞에 얼마나 정직하게 반응했는지, 얼마나 진심으로 순종하려 했는지를 하나님은 더 귀하게 보신다. 아니, 어쩌면 그게 다인지도 모른다.

내 계획과는 달리 미국에서 2년도 채우지 못하고 귀국할 때, 하나님은 또 다른 필요에 따라 나를 다시 한국으로 인도하셨다. 물론 그때도 또 한 번의 도전이었지만 그 결정을 인도하신 분도 하나님이셨다. 영문을 모르고 한국에 왔지만 그때 군대에 간 큰 아들에게 절실한 도움이 필요했다는 사실을 나는 나중에 알게 되었다. 내가 모르는 영역에서 이미 하나님은 우리 가족을 가장 선한 길로 인도하고 계셨다.

그러나 당시에도 역시 납득하지 못한 채 인도하심을 따라갔다. 평생을 살 생각으로 미국에 갔다가 얼마 안 돼 돌아왔지만, 그것을 실패라고 생각하거나 잘못 갔다고 생각한 적은 한 번도 없다. 왜냐하면 그 일들을 통해서 너무 많은 것을 얻었고 시의적절하게 일하시는 하나님의 긴밀한 손길을 더 깊이 느끼는 시간이었기 때문이다.

미국에서의 시간은 내 인생에서 가장 소중한 시간 중 하나이다. 그 시간은 선물과 같은 것이었고 그 이후 한국에 돌아와서 나는 본격적으로 사역을 시작하게 되었다.

마찬가지로 현재 제주에 있지만 내가 평생 이곳에 살 거라고는 생각하지 않는다. 아니, 아무 생각도 하지 않는다. 그저 하나님이 가라고 하셔서 갔고, 있으라 하셔서 있는다. 또 떠나라고 하시면 떠날 것이다. 사람들이 "뭐야. 평생 있을 것처럼 가더니 2년 만에 왔네?", "뭐야? 제주에서 뼈를 묻을 것 같더니 금방 왔네?"라고 해도 괜찮다. 사람들이 어떻게 보던 상관 없이 나는 나를 이끄시는 그분의 시간표에 맞추어 살 것이기 때문이다.

어쩌면 진심으로 '저스트 고', 가기로 한 순간 그 일은 완성된 것일 수 있다. 그게 신앙의 차별점이다. 진심으로 마음을 먹고 시작한 순간 그 명령은 이미 완성된 것이다. 하나님은 이미 그 중심을 받으셨다고 믿는다. 아브라함의 순종이 이삭을 완전히 죽여서 바쳐야 끝나는 게 아닌 것처럼 말이다. 아브라함이 시종을 두고 이삭과 모리아 산을 향해 갈 때, 아니 어쩌면 훨씬 그 이전에 하나님은 이삭을 대신할 제물을 준비하셨을 테니까 말이다.

복음을 누리는 방법은 내가 무언가를 완성할 능력이 없는 존재임을 먼저 인정하는 데 있다. 우리는 완벽한 환경과 완벽한 타이밍에 실천한다고 해서 무언가를 완벽하게 만들어 낼 수 있는 존재가 아니다.

우리는 애초에 하나님의 도움 없이 아무것도 할 수 없는 존재다. 때문에 좋은 환경 나쁜 환경을 가릴 이유가 없다. 어차피 하나님이 하실 것이다. 좋은 때 나쁜 때를 가릴 이유도 없다. 어느 때이든 하나님이 일하실 것이다.

결국 중요한 건 나는 어차피 무언가를 이룰 능력이 없는 연약한 존재이니 내가 그저 재료가 될 수 있도록 하나님이 원하시는 때에 원하시는 방법으로 나를 내어 드리는 것이다.

하나님은 내가 몸을 던져 시작하는 것을 보시고 나머지를 모두 채우실 것이다. 순종의 길을 시작한 그 사람에게 하나님의 도우심은 이미 임하고 있다.

- 하나님은 시작하는 당신의 중심을 가장 기쁘게 보신다.
- 나는 일을 완성할 힘이 없음을 인정하는 것이 가장 복음적인 것이다.
- 어차피 모든 부족함은 하나님이 채우신다.

JUST GO

하나님과 동행하는 것이
결과보다 중요하다고 생각되는가?

세상은 결과를 보지만
하나님은 시작하는 중심을
보신다는 것에 대해 생각해 보자.

PART. 2

무엇이
나의 발목을
붙잡는가?

생각을 빨리 시작하라
고민을 빨리 끝내라
결정과 시작의 간격을 줄여라
핑곗거리를 만들어 정당화하지 말라
예상되는 장애물의 늪에 집중하지 말라
결과에 대한 환상을 버려라
미루지 말라_ 미뤄서 좋은 일보다 나쁜 일이 가득하다

01

생각을
빨리
시작하라

살면서 무언가 새로운 도전에 맞닥뜨리는 때가 있다. 때로는 하나님의 콜링이기도 하고, 때로는 아주 작은 친절이나 화해의 요구이기도 하다.

말씀을 통해, 기도를 통해, 혹은 누군가의 도전을 통해 이것이 하나님이 나에게 원하시는 뜻이라는 깨달음과 확신이 들었다면, 우리는 그것을 지나쳐서는 안된다. 처음 그 마음이 왔을 때는 감동이 있고 하나님의 뜻이라는 확신이 들지만, 조금만 시간이 지나면 확신은 희미해지고 점점 의심으로 바뀌기 때문이다. '그냥 내 생각일 수 있어', '별거 아닌데 쑥스럽게 뭘', '내가 너무 예민했었나 봐' 등으로 그 생각들은 잊힌다.

아이디어나 생각들은 우리의 예상보다 훨씬 빨리 사그라든다. 공중에서 없어져 버린다. 그러니 생각을 미루는 것은 거의 지나가는 구름을 나중에 붙잡겠다고 하는 것처럼 허망한 것이다. 생각은 연기처럼 사라지고, 확신은 나의 과민함으로 치부된다. 하나님의 음성이나 뜻은 내가 잘못 듣거나 잘못 깨달은 것이라고 덮어 버린다.

나도 이런 과정들을 수없이 거쳤다. 오히려 작은 실천들이 더 그렇다. 누군가가 외로워 보일 때 '네가 가서 친구가 되어 주라'는 마음이 들지만, 이내 그 생각들을 지워 버린다. 쑥스럽기도 하고 그 사람이 나를 어떻게 생각할지 고민하는 등 이유는 수없이 많다. 글을 쓰기 시작하면서 난 더욱 '생각'이 얼마나 구름같이 쉽게 흘러가 버리는 것인지 잘 알게 되었다. 생각을 생각으로 그냥 두면 곧 사라지지만, 생각을 글로 쓰면 그것은 평생 남는 흔적이 된다. 글은 사라지지 않는다. 생각을 행동으로 옮기면 역사가 되지만, 방치하면 그 존재조차 잊히는 덧없는 것이 되어 버린다.

그래서 나는 언제나 좋은 생각, 아이디어, 깨달음은 그것을 존재로 남기기 위해 어디든 쓴다. 지나고 나면 '내가 이런 생각을 했었나'라고 할 만큼 감동적인 글들을 다시 읽으며 나를 다잡곤 한다. 생각은 붙잡아야 한다. 그것이 하나님의 명령일 수도 있고, 새로운 아이디어일 수도 있고, 감동의 깨달음일 수도 있다.

'시작'하기 위해 가장 먼저 해야 하는 일은, 주어진 도전에 대해 생각을 빨리 시작하는 것이다. 우리는 행동에만 게으름이 있다고 생각한다. 그러나 자세히 돌아보면 '생각의 게으름'이 얼마나 우리의 삶을 잠식하고 있는지 발견하게 된다.

나에게 어떤 미션이 주어졌다고 생각해 보자. 우리는 그 일에 대한 생각을 저만치 치워 놓고 일상생활로 돌아가 버린다. 생각하면 복잡하고, 고민스럽고, 갈등의 요소들이 있기 때문에 안쪽으로 치워 놓고 적당한 때에 생각해 보겠다고 정당화한다. 지금은 바쁘니까 당장 주어진 일을 처리하고 나중에 생각하겠다는 것이다. 그러나 그것은 회피이다.

반대로, 머리 속에서 문득문득 떠오르고 남은 생각을 보고 마치 자신이 고민하고 있다고 착각하기도 한다. 자신은 생각하고 있다고 말하지만, 실은 그저 떠오르는 것일 뿐 그 미션을 어떻게 받아들이고 해석할지, 어떻게 해결해 나갈지에 대해서 깊이 있게 생각하지 않는다. 자연스럽게 이루어져 가길 바란다고 하지만, 그건 핑계일 뿐이다.

하나님의 콜링 앞에 모세는 어땠는가? 기드온은 어떠했는가? 성경의 어느 인물이 하나님의 부르심 앞에 그것을 한쪽으로 미뤄 놓고 정당화했는지 생각해 보라. 기드온은 자신의 유약함 때문에 치열하게 시험했다. 하나님의 뜻이 두려웠지만, 그래서 의심도 치열했다. 생각을 미루는 것은 그새 흘러가는 시간만큼 의심이 자리를 차지하고, 판단이 흐려지고, 자신을 비하하고, 그 생각을 결국 잠재의식으로 넣어 버린다.

생각을 빨리 시작하라. 하나님께서 나에게 무언가 말씀하셨다면 그 말씀에 대해서 생각을 시작하라. 그 감동은 시간이 가면서 점점 퇴색되어 버릴 것이다. YES이든, NO이든 치열하게 생각하고 대답하라. 오늘은 '바빠서', 내일은 '피곤해서', 다음날은 '내키지 않아서' 미뤄진 생각은 곧 버려지게 된다. 물건을 고를 때 하는 '망설임은 배송만 늦출 뿐'이라는 농담처럼, 생각이 시작되지 않으면 행동도 시작될 수 없다. 가장 먼저 해야 할 것은 바로 생각을 빨리 시작하는 것, 그 생각에 집중하는 것이다.

- 처음 감동이 왔을 때 시작하라. 빠를수록 쉽다.
- 시간이 지나갈수록 시작은 점점 어려워진다.
- 생각을 빨리 시작하라.

JUST GO

나에게는 생각의
게으름이 있는가?

하나님의 음성에 반응하여
생각했던 경험이 있는가?

02

고민을
빨리
끝내라

생각을 빨리 시작하는 것은 고민을 빨리 끝내기 위해서이다. 그러나 생각을 빨리 시작했다고 해서 모든 사람이 고민을 빨리 끝내지는 않는다. 생각을 질질 끌기도 하고, 결론을 내지 못하고 주저하기도 한다. 행동이 시작되지 않는 것은 결정이 끝나지 않아서이다. 아직 고민 중인 일을 실행하는 사람은 없다. '우산을 가지고 갈까? 말까?' 하는 일도 결정해야 행동할 수 있다. 실행력이 없는 사람들은 결정을 내리지 않는다. 언제나 고민 중이다. 일주일이 지나도 고민 중이고, 한 달이 지나도 고민 중이다. 물론 신중해야 하는 일들이 있지만,

오랜 시간을 들여 고민한다고 상황이 달라지지는 않는다. 그렇다면 뭘 고민하는 걸까? 실은 상황이 달라지길 기다리는 것이다. 상황의 편리에 따라 내 결론이 달라진다.

하나님이 나에게 뜻을 전하셨다면 하나님이 원하시는 것은 정해진 것이다. 그렇다면 나는 무엇을 고려해야 하는가? 나의 상황인가? 아니면 하나님의 뜻인가? 하나님이 상황을 몰라서 그런 말씀을 하신 것이 아니다. 어쩌면 우리는 하나님이 나를 더 설득하고 순조롭게 실천할 수 있는 환경까지 만들어 주셔야만 일한다고 하는 것과 같다. 이 세상에 완벽한 조건과 상황은 없다. 우리는 완벽한 상황을 기다리다 어떤 것도 실천하지 못하고, 계속 그 자리에 이불 깔고 누워 있기만 하는 것이다.

우리에게 나쁜 환경은 있다. 그러나 '하나님이 일하시기에' 나쁜 환경은 없다. 이것도 걸리고, 저것도 걸리고 걱정이 한가득이다. 예상되는 모든 장애물과 어려움을 생각하며 아직은 때가 아니라고 스스로를 설득한다. 혹은 스스로 고민을 끝내지 않고 질질 끌게 된다. 그 사이에 환경이 좋아진다면 이제 때가 됐다고 여기겠지만, 그건 우리의 때이지, 하나님의 때라는 보장이 없다. 조급하게 서두르자는 이야기가 아니다. 신중해야 한다는 핑계 속에 스스로를 속이고 있지 않은지 돌아보라는 것이다. 차라리 '나는 이런 게 감당하기 어려워서 못하겠어요'라고 한다면 오히려 괜찮다. 대부분 우리는 하나님 앞에, 사람 앞에 정직하지 못하다. 시간을 끌면서 조금 더 편한 상황을 기다린다. 내가 받아들일 수 있는 때까지 무기한 미뤄 버린다.

고민을 빨리 끝내라. 치열하게 생각하고 고민하고 결정하라. 그 고민이 한 달이 되고, 두 달이 될 수도 있지만 방치하지 않고 기도하며 나아갈 필요가 있다. YES이든 NO이든 대답을 하라. 차라리 못하겠다는 결론이더라도 고민을 끝내라. 그래야 다음으로 넘어갈 수 있다.

실천이 없는가? 행함을 잘하는 사람이 되고 싶은가? 어떤 고민이던 빨리 결정을 내려라. 당신은 행동이 없는 것이 아니라 결정이 없다. 결정 없이 행동할 수 있는 사람은 없다. 그리고 다시 한번 고민해 보라. 하나님께 나쁜 환경은 없다는 것을 나는 진짜 믿고 있는지, 문제 앞에서 그걸 직면할 의지가 없는 것은 아닌지 말이다.

최근 유행하는 성격 유형 검사의 한 유형으로 자신을 설명하는 사람들이 늘고 있다. 좋은 의도로, 나와 상대방을 이해하기 위해 시작됐을 테지만, 점점 이 성격 검사에 함몰되는 사람들을 보며 아쉬운 마음이 들었다. 때로 작은 박스에 사람을 가두는 것 같은 느낌을 받기도 했다.

이런 부작용은 신앙에도 적용된다. 나는 특정 유형이기 때문에 할 수 없다고 말한다. 하나님의 뜻 앞에 '나는 이런 유형의 사람이라 안 돼'라며 불순종을 정당화하는 도구가 되기도 한다. 성경에는 아주 다양한 유형의 사람들이 등장한다. 불같이 급한 사람도 있고, 소심하기 짝이 없는 사람도 있고, 우울질의 사람도 있고, 긍정적인 사람도 있다. 결단력이 있는 사람도 있고, 그렇지 못한 사람도 있다. 그러나 어떤 유형도 하나님의 명령 앞에 그것이 불순종의 명분이 되어서는 안 된다. 내가 거절하기 위해 내거는 이유들이 얼마나 성경적인지 돌아볼 필요가 있다. 성격 검사에 속지 말고, 성격 유형 결과에 숨지 말라. 그저 성경의 말씀대로, 하나님 앞에 선 단독자로, 마주하고 동행하는 삶을 선택하기 바랄 뿐이다.

고민이 당신 앞에 주어졌을 때 핑계 대지 말고 치열하게 씨름하고 하나님의 때가 가기 전에 빨리 고민을 끝내기 바란다. 결정이 당신 앞에 왔을 때 비로소 당신은 '시작'할 수 있게 될 것이다.

- 고민은 치열하게 하되 빨리 끝내라.
- 결정 없이는 행동할 수 없다.
- 하나님께 나쁜 환경이란 없다.
- 성격 유형 뒤에 숨지 말라. 그건 변명일 뿐이다.

JUST GO

여전히 고민 중인 일이 있는가?
치열하게 고민하고
신속하게 결정하라.

03

결정과 시작의 간격을 줄여라

시작하는 힘을 경험하지 못하게 만드는 또 하나의 요소는 결정했지만 실천하는 시간을 지연시키는 것이다. 결정을 올바로 했다고 하더라도, 시작을 한없이 미루면 그건 사실 하지 않는 것과 같은 결과를 가져온다.

치열하게 고민하고 결정했다면. 그리고 특별한 시간이 정해져 있는 결정이 아니라면 바로 시작하는 것이 좋다. 어떤 순간에도 시간을 지체하지 않는 습관을 갖는 것이 중요하다. 결론을 내렸다면 실천하는 시작과의 간격을 줄여야 한다. 그렇지 않으면 불안함과 두려움이 그 틈에 끼어들기 시작할 거다. 늘 그렇다. 행동하지 않으면 그 공백만큼 두려움이 틈새를 끼어든다. 만약에 두렵다면 더 빨리 시작하라. 그러면 시작한 만큼 두려움의 양이 줄어들 것이다.

글을 쓰는 현재 나는 제주에 거주한 지 1년이 되었다. 볼 것도 많고 경험하고 즐길 것도 많은 제주의 서쪽이나 남쪽과 달리, 동쪽은 거의 시골 촌구석에 가까운 곳이다. 그래서 더 동쪽이 좋았다. 가게도 별로 없고 불편한 것이 많지만, 그만큼 사람이 없고 한가하며 자연 그대로의 모습이 잘 보존된 곳이다. 걸어서는 주위에 할 수 있는 것이 거의 없고, 쓰레기도 차를 타고 가서 버려야 할 만큼 인적이 드물고 여러 편의시설이 한참 부족한 곳이다.

그런 곳에서 1년 동안 내가 애용했던 바다 풍경의 카페가 필라테스 강습소로 전업했다. 처음엔 관심이 없었다. 해 본 사람은 알겠지만, 필라테스는 가격이 사악하다. 하지만 속근육을 만드는 데는 사실 이만한 운동이 없다. 그리고 허리 디스크에 더없이 좋은 운동이어서 나에게 맞춤 운동이었다. 그런데 어느 날 책도 쓰고, 세미나도 하고, 지방에 집회도 하다 보니 추가적인 수입이 들어오게 되었다. 나를 위해 무엇을 할 수 있을까 고민해 보니, 제주에 살면서 구두를 살 것도 아니고, 그렇다고 가방을 살 것도 아니었다. 트레이닝복에 티셔츠만 입고 사는 제주에서 무슨 의미가 있겠나. 그러다 생각이 필라테스에 미쳤다. 나이가 들수록 근육이 필요하다는데 운동이 나에게 제일 유익하겠구나 싶었다.

그런데, 이번에는 여러 거리끼는 지점에 멈췄다. 딱 붙는 옷을 입어야 하는데 살찐 내 몸매를 드러내는 게 너무 창피했다. 필라테스 옷도 없고, 하다 보면 분명 귀찮을 거고, 심지어 강사가 남자다. 정말 기피할 요소가 한두가지가 아니었다. 거기다 인터넷 검색을 해 봐도 오픈 소식을 찾을 수 없었다.

그래서 하루는 그곳을 직접 찾아갔다. 상황을 알고 싶어 잠긴 문을 두드리고 원장을 만나 이런저런 이야기를 했더니, 아직 오픈하지 않았지만 강습이 가능하다는 것이었다. 나는 그 자리에서 등록했다. 필라테스가 지금 나에게는 제일 유익하다는 결론을 이미 가지고 있었다. 물론 거리끼는 요소들이 너무 많았지만 그건 내 결정을 뒤집을 명분은 아니었다. 필라테스 강습이 정식으로 오픈되고 인터넷에 등록되는 시간 등을 기다리지 않은 이유는, 내 결정과 시작 사이의 시간이 길어지면 분명 이러저러한 핑계로 결정이 희미해질 것이기 때문이었다. 원래는 3월이 정식 오픈이었지만, 그곳은 나로 인해 2월에 강습을 열고 사람들을 받기 시작하며 나름 희망적인 출발을 하게 되었다.

고민 끝에 결정을 내렸다면 그 고민을 다시 시작하지 않아야 한다. 그 결정을 실천하도록 '나를 시작해야' 한다. 산을 바라보고 있다고 정상에 오르지는 못한다. 정상에 오르기로 결정했다면 한 발자국이라도 산 쪽으로 움직여야 한다. 내가 산에 오르겠다고 하면서 산을 바라보기만 하면서 1년, 2년 보내고 있다면 그건 이미 포기한 결정과 같다. 산을 바라보고만 있으면서 마치 내가 산을 오르고 있다는 착각을 하면서 살지 마라. 시작하지 않는 한 당신이 산을 오르는 일은 없을 거다.

내 결정을 실천하기 위해 문을 두드렸던 것은 막연히 회원을 기다리던 그들에게도 좋은 소식이 되었고, 나는 덕분에 할인까지 받고 운동을 시작할 수 있었다. 물론 할인이 없어도 이미 마음을 먹었으니 시작했겠지만, 재고 따질 이유 없이 등록했다.

결정과 시작 사이의 시간을 최대한 줄이는 게 시작의 힘을 경험하는 지름길이다.

- 결정과 시작의 틈을 줄여라.
- 산을 바라보고 있다고 정상에 오를 수는 없다.
- 결정이 올바르다면 다른 이유가 자리잡지 못하게 하라.

JUST GO

오래 동안 바라만 보고 있는
무언가가 있는가?

결정했다면 바로 시작하라.

04

핑곗거리를
만들어
정당화하지 말라

모든 일에 하지 않을 이유는 너무도 많다. 해야 할 이유보다 하지 못할 이유가 훨씬 더 많다.

2022년 겨울에 들어서는 11월쯤, 제주에 대한 논의가 시작됐다. 그저 꿈같은 이야기로 시작된 논의가 사그라들지 않고 지속되었다. 코로나 팬데믹이 끝났지만 교회는 다시 코로나 이전의 과거로 회귀하는 듯 보였고, 고착화된 건물 안의 교회에 머물려 하는 교회들이 많았다. 시대와 상관없이 과거의 교회론에 머물며 교회 안으로만 사람들을 모으려 하는 것을 고체 교회라 하고, 시대의 변화에 유연하게 대응하며 반응하는 것을 액체 교회라고 한다면, 우리는 흩어지는 교회로서 한 사람이 교회가 되어 세상 속에서 복음적 삶을 살아가려는 것을 기체 교회라고 명명했다. 그리고 그 기체 교회(교회 형태나 건물이 없는)를 위해 제주를 시작점으로 하자는 꿈을 나누고 있었다. 그렇게 12월이 지나가고 한 해가 마무리될 때쯤 하나님께서 내 마음 가운데 '네가 먼저 가라'는 마음을 주셨다.

기도할 때마다 '내가 제주에서 기다릴게'라고 하는 마음이 들었다. 반복된 하나님의 음성 혹은 깨달음은 나에게 명료한 하나님의 뜻으로 받아들여졌다. 제주의 집과 상황을 봤을 때 가장 빠른 시기가 2월 초였다. 처음에는 한 달 살이를 하면서, 무언가 해야 하는 일이 있을 때 내가 도움이 되어야겠다고만 생각했다. 그런데 시간이 가면서 두 달 살이가 될 것 같다는 마음이 들었다. 그리고 그건 결국 1년 살이가 되었고 지금은 기약없이 머물고 있다.

제주에 가야 한다고 했을 때 가지 못할 상황은 역시 너무도 많았다. 일단 나는 수도권 지역에서 한 달에 2회 이상 집회를 해 왔고, 1년에 3회 정도의 새가족 세미나를 해 왔다. 제주로 내려간다면 이 사역을 포기해야 했다. 경제적으로는 상당한 타격이 되는 일이었다. 뿐만 아니라 짐을 싣고 차를 가져가려면 완도에서 배를 타고 제주로 가야 하는데, 완도까지 가는 시간이 5시간 이상 걸렸다. 나는 예전에 우울증 때문에 강아지를 키우기 시작했는데, 내 강아지 두 마리는 자동차를 5분도 타지 못하는 심한 트라우마를 가지고 있었다. 서울 집을 정리하고 갈 수 없으니 이중으로 집을 얻는 비용도 만만치 않았고, 어머니는 연로하셔서 내 제주도행을 펄펄 뛰며 반대하실 게 뻔했다. 2주에 한 번씩 보는 사랑하는 손주의 얼굴도 볼 수가 없게 되었다. 세상 이보다 더 많은 이유가 있을까 싶을 만큼 모든 게 손해가 되는 선택이었다.

하지만 하나님의 뜻은 명료했고, 나는 시작했다. 매일 강아지 두 마리를 태우고 15분 거리에 있는 공원을 차로 다녔다. 차 방석을 사서 묶고 운전하는데 그 첫날을 잊을 수가 없다. 두 마리가 비명을 지르고 발버둥을 치고, 낑낑거리고 난리도 아니었다. '아! 안되는 일이구나…'라는 탄식이 절로 나왔다. 동물병원에 가서 상담도 해 보고 약도 샀지만, 가급적 먹이지 않기를 권했다. 다음 날도 그다음 날도 비가 오나 눈이 오나 3주를 실갱이를 벌이며 훈련하니 아주 조금씩 나아지는 걸 경험했다. 통장에 있는 저축해 놓은 돈은 탈탈 털어 월세를 내고 뱃삯을 지불하고, 출발에서 도착까지 거의 10시간 가까이 걸려 낑낑거리는 강아지를 데리고 제주에 도착했다. 어머님은 진노하셨고, 가족들은 명절에나 볼 수 있었다. 집회는 30여 건을 거절했고, 수입이 줄고 지출은 늘었다.

나에게 핑계를 대고 명분을 만들라고 하면 얼마든지 만들 수 있었다. 집회를 다니면서 성도들에게 은혜를 끼치고 교회를 변화시키고 나누는 일이 얼마나 감사한 일인가. 그것도 귀한 하나님의 일인데 한참 활동해야 하는 시기에 이렇게 맥을 딱 끊어 놓는 게 옳은 일일까? 이렇게 긴 시간 거절하면 다시는 나를 불러주지 않겠지? 하나님은 나를 어떻게 먹여 살리실까? 내가 쌓아온 20년의 사역들이 이렇게 단절돼도 될까? 그러나 정직하자면, 그게 핑계인 것은 내가 더 잘 알고 하나님이 아신다. 많은 생각을 할 수 있었지만, 딱 잘라내고 재고하지 않았다.

날 먹여 살리시는 분은 하나님이시고, 더한 상황에서도 하나님을 믿고 몸을 던졌던 많은 순간이 있었다. 그 하나님을 믿었다. 더 묻지 않았고, 따지지 않았다. 그냥 시작했다.

하나님의 선하심을 믿는다는 것은 생각보다 중요하다. 나의 판단보다 하나님의 판단이 훨씬 더 뛰어나다는 것을 확실히 믿어야 핑계를 안 댄다. 내 판단에 지금 이건 아닌 것 같다는 생각이 있으니 몸이 나가지 않는 것이다. 물론 하나님의 뜻은 때로 지극히 주관적일 수 있어서 다른 사람이 뭐라고 평가할 수는 없다. 그러나 정직하게 자신을 들여다보면 분명 본인 스스로는 이것이 핑계인지 아닌지를 알 수 있다.

우리는 사실 마음이 먼저 정하고 몸이 반응을 한다. 회사에 가기 싫으면 다음 날 몸이 아픈 것과 같다. 이미 하기 싫은 것에 대해 마음의 준비를 하고 실제로 그 문제를 만들어 명분을 만든다. 하나님의 뜻에 대해서도 비슷하다. 내가 기대하고 원하는 것을 받을 때는 너무도 유쾌하지만, 내가 생각하지도 못한 부담스러운 것을 해야 할 때는 없는 이유도 만들 수 있는 게 우리이다.

'나 말고 다른 사람이 더 잘해', '나는 이 일에 적합하지 않은 사람이야', '나는 지금 너무 상황이 안 좋으니 조금만 더 상황이 좋아지면 할 수 있어. 마음이 없는 게 아니라 상황이 안 되는 거야', '꼭 지금 해야 해? 조금 나중에 한다고 누가 뭐라고 해', '아마 내가 잘못 들은 걸 거야. 나한테 이런 일이 주어질 리가 없어. 내 성격 소심한 거 잘 아시잖아', '내가 나서면 사람들이 교만하다고 비웃을 거야. 그냥 조용히 겸손히 있자. 그게 하나

님께 더 도움이 될 거야.'

할 수 있는 핑곗거리는 수만 가지이다. 그리고 성경의 인물들도 늘 그렇게 핑계와 변명을 했다. 그러나 그들은 직면한 하나님의 위엄 앞에 부끄럽지만 담대히 자신의 사명을 받아들였다. 성경 안에도 불순종하는 자들에게는 너무도 그럴만한 이유가 있었다. 결국 신앙의 승리는 그 모든 이유에도 불구하고 하나님께 시선을 고정하여 자신의 행동을 하나님께 드리는 것이었다.

어쩌면 그렇게 대단한 사명이 아니라서 소홀히 여기는지도 모르겠다. 그러나 그것이 위대한 사명 같은 어마어마한 일이든, 하나님 마음의 아주 작은 소망이든 무엇이 달라지는가. 나에게 말씀하시는 이가 '신'이신 하나님인데 말이다.

하기 싫어서 핑곗거리를 만드는 일로 나를 정당화할 수 없다. 그저 핑계일 뿐이고 그저 하나님이 원하시는 일을 거절하는 것일 뿐이다. 정당하든 정당하지 않든 핑곗거리를 만들지 말라. 언제나 아무것도 시작하지 못하는 나의 발목을 붙드는 가장 큰 요인이 될 것이다.

- 모든 일은 하지 못할 이유들을 가지고 있다.
- 이유들이 핑계인 것은 내가 더 잘 안다.
- 나를 먹여 살리시는 이는 하나님이시다.
- 순종은 모든 이유에도 불구하고 시작하는 것이다.

JUST GO

하나님의 선하심을 진짜 믿는가?
모든 이유를 이기고
순종할 마음이 있는가?

05

예상되는
장애물의 늪에
집중하지 말라

        사람은 하기 싫은 일을 만나면 자신이 할 수 없는 이유들을 강화시킨다. 누가 지적이라도 한다면, 자신에게 얼마나 많은 어려움이 있었는지 변명하며 하지 못할 수밖에 없었다는 것을 설명하기 위해 준비한다.

  사실 이 모든 과정은 조금만 나 자신을 정직하게 들여다보면 알 수 있다. 그런데 들여다보는 일조차 하지 않고 면밀하게 내게 있는 장애물에 집중하기 시작한다. 조금 있는 어려움을 더 크게 만들어서 키운다. 그리고 스스로에게 이것이 실제라고 각인시킨다. 이런 과정은 스스로를 속이는 것이다. '나 이렇게 어려워', '봐, 내가 이런 상황이야'라며 말이다. 그러나 그런 과정은 아무 의미가 없다. 결국 신앙은 나와 하나님과의 관계인데, 다른 사람들 앞에 보여주기 위한 나의 어려움이 무슨 의미가 있는가?

사람들은 나에게 강아지가 두 마리나 있는지 몰랐다. 그리고 그들을 데리고 자동차와 배로 제주에 가는 것이 얼마나 난제인지도 몰랐다. 몰라도 상관없었다. 다른 강아지들은 대체로 차를 잘 타고 다니니 우리 개들이 유난한 것이고, 포기하려면 포기할 수 있었다. 한 달 남짓 남은 기간 동안 준비해야 할 많은 것들이 있었는데, 매일 강아지와 실갱이를 하는 게 쉬운 일은 아니었다. 좀처럼 나아지지 않을 때 '그만하자!'라고 할 수도 있었다. 하지만 개를 버려두고 갈 수는 없는 일이고, 안되면 1박을 하든 2박을 하든 멈추며 가자 생각했다.

순종을 시작하려고 할 때 우리는 크고 작은 장애물을 만난다. 때로는 강아지처럼 아주 하찮아 보이는 문제일 수도 있고, 경제적인 문제처럼 복잡하고 비중 있는 문제일 수도 있다. 직접 만나기 전에 충분히 예상되는 일들도 있다. 중요한 것은 그때 그것을 해결하려는 사람이 있고, 그 문제의 늪으로 걸어 들어가 문제와 혼연일체가 되는 사람이 있다. 문제가 얼마나 큰 것인지 묵상하고, 걱정하고, 안되는 이유들을 더 만들기도 한다. 그 문제의 복잡성을 더 발견해 가면서 그 자리에 머물러 앉아 버린다.

장애물이 아무것도 아니라는 것은 아니다. 장애물은 두려움을 주고, 포기하게 만든다. 나에게 있어서 두려움이 엄습했던 순간이 두 번 있었다. 첫 번째는 강아지들을 차에 태우고 5분이 지났을 때였다. '아… 이건 안되는 일이다'라는 생각이 들었고 그 순간 '10시간 이동이 가능할까?' 하고 강한 의심이 들었다. 그동안의 힘들고 고생스러운 훈련 덕분인 것도 있었지만, 정말 전적인 은혜로 무사히 제주에 내려왔다. 강아지를 키우지 않는 사람들에게는 허접한 고민이라 여겨질 수도 있지만, 나에게는 큰 문제였다.

또 한 번의 두려움이 엄습한 것은 제주에 내려와서였다. 집회 요청은 계속되었고, 그만큼 거절하는 일들이 반복되었다. 어느 순간 '아, 이제 나를 다시는 부르지 않겠구나'라는 생각이 훅! 하고 마음에 들어왔다. 사실 이미 60대에 들어섰고 남자 사역자들처럼 체력이 좋은 것도 아니어서 여건에 따라 집회를 모두 갈 수는 없는 형편이었다. 그러나 이제는 그 수준이 아니라

들어오는 족족 모든 요청을 거절하고 있으니 누가 나를 다시 부르겠나 싶은 두려움이 엄습했다.

  내가 정착한 곳은 공항까지 1시간 20분가량 소요되는 곳이다. 결항이나 연착이 빈번하니 교회와의 약속을 지키려면 거의 전날 출발을 해야 하고, 하루를 묵어야 한다. 집회는 전국에서 요청을 하니 비행기가 없는 곳이 태반이고 다시 또 기차를 타거나 자동차로 이동을 해야 하는데, 서울에는 내 차가 없다. 이동 시간과 비용, 무엇보다 나의 체력으로는 불가능한 일이다. 그래서 그동안 해 오던 사역의 절반은 잘려 나가겠구나 싶었다. 그리고 그 일은 실제가 되었다. 시간이 지날수록 확률적으로 이제는 집회를 완전히 포기해야 할 수도 있었다. 지금은 마음이 평안하지만 그때는 두려웠다.

  문제가 없고 두려움이 없어서 시작하는 건 아니다. 어쩌면 두려움이 있을 때 나는 더 순종을 시작한다. 일단 시작하면 오히려 두려움이 사라지기 때문이다. 시작하는 발걸음에 믿음이 실리고 하나님께 더 집중하게 된다. 그래서 나의 시선이 두려움 쪽으로 가지 않고 하나님에 대한 신뢰로 이동하곤 했다.

  장애물이 하나님의 뜻이 아니라는 표증은 아니다. 장애물이 내가 도피할 정당성도 아니다. 정말로 하나님의 뜻이 아닐 수는 있지만, 그 결정의 기준이 장애물에 있어서는 안 된다는 의미이다.

두려움이 없어서 도전을 잘하고 시작을 빨리하는 것이 아니다. 두렵지만 하는 것이다. 장애물 없이 모든 조건이 좋아서 시작하는 것도 아니다. 장애물도 있고 상황도 나쁘지만 하나님이 원하시니 순종하고 도전하는 것이다. 그 원하심이 작든 크든 상관없다. 내가 한없이 부족하든, 능력이 넉넉하든 상관없다. 내가 적합하지 않았다면 하나님이 나에게 제안하셨을까. 내가 모자란 것도 주님이 아시고, 내 상황이 안 좋은 것도 주님이 아신다. 내가 무능력한 것도 주님이 아시고, 내가 겁이 많은 것도 주님이 아신다. 그런데 나에게 뜻을 보이시고 말씀하셨다면 그건 하나님이 판단하실 일이고, 나에게 주어진 것은 그 뜻에 따르고 순종하여 시작하는 용기를 갖는 일이다.

인생은 가만히 있어도 장애물을 만난다. 뭘 하지 않아도 만나는 게 장애물이고 어려움이다. 그런데 하나님이 원하시는 일을 시작하려고 할 때 장애물을 만나면, 그 장애물은 마치 아주 특별한 것처럼 여겨진다. 하나님의 뜻이 아니라는 것을 증명하는 열쇠처럼 말이다.

　과연 그럴까? 어떤 것도 시작하지 않고 머물러 있는 삶은 과연 장애물이 없을까? 어느 곳에서도 장애물이 있다면 시작이나 해 보고, 만나는 장애물을 극복해 보는 것이 낫지 않을까? 최소한 하나님의 뜻에 순종하려는 시도는 해 보는 게 더 발전 있는 신앙 아닐까? 어려움을 더 어려운 눈으로 바라보고, 종일 묵상하고 안되는 과정만을 상상하는 일을 멈추라. 장애물의 늪에 들어가 앉지 말라. 어쩌면 그냥 살아가면서 굳건히 넘어갈 정도의 어려움일 수도 있다.

- 장애물에 집중하면 할 수 있는 일은 없다.
- 문제에 집중하지 말고 하나님께 집중하라.
- 장애물이 하나님의 뜻이 아니라는 표증은 아니다.
- 두려움이 없어서 도전하는 것이 아니라 두려움을 품고 도전하는 것이다.
- 인생은 아무 일을 안 해도 장애물을 만난다.

JUST GO

두려움을 이기고
도전했던 기억이 있는가?
지금은 어떤가?

06

결과에 대한 환상을 버려라

하나님의 뜻에 도전할 때 우리는 나의 결단만큼이나 대단한 결과를 기대한다. 그러나 성경은 어디에도 하나님의 인도하심을 따라가는 길에 순탄함을 보장하지는 않는다. 결단이 요구되지만, 결단만큼 당장 눈에 보이는 대단한 열매를 받는 경우는 드물다.

물론 우리는 성경을 읽으며 이미 지난 시간의 이야기를 바라보기 때문에 그 자손들의 복이나, 당대의 영적인 축복, 하나님의 동행과 보호하심 등을 알 수 있다. 하지만 당시의 오늘을 살던 그들은 과연 그것들을 볼 수 있었을까? 현실이 더 어려워졌을 때 그들이 하는 원망을 보면, 그들은 분명 현실에 대한 상실감에 빠졌던 것이 분명하다. 그들은 하나님의 뜻에 따르면서 그 결과에 대한 환상을 가지고 있었다. 실상 환상적인 보호하심이 있었음에도 더 큰 비현실적인 환상에 빠져 시작한 길을 되돌리려 했다. 이스라엘 백성이 그랬다.

우리도 무언가 하나님이 원하시는 길을 가려고 할 때는, 그 결과에 대한 환상을 가지게 된다. 극적인 변화가 있거나, 모든 일이 기적같이 순전하게 풀리거나, 결단과 시작 뒤에 내가 생각하지도 못한 놀라운 선물이 기다리고 있을 거라고 기대한다. 어려운 결단일 때는 더욱 그러하다.

그러나 성경을 생각해 보라. 성경의 위대한 인물 중에는 당대에 하나님의 선물을 보지도 못한 사람들이 허다하다. 그렇다고 그 길이 그들에게 선하지 않았나? 그렇지 않다. 우리의 시선은 너무 낮고 짧게 바라본다. 그리고 이내 처음으로 돌아가서 내가 잘못 판단했다고 후회하기도 한다. 혹은 '하나님이 그렇지 뭐…'라며 하나님에 대한 회색빛 신앙을 드러내곤 한다.

하나님께 맡겨진 선택 앞에서 결과를 생각하지 마라. 결과에 대한 핑크빛 환상을 버리라. 하나님의 자녀인 우리는 그저 하나님의 뜻 앞에 하나님이 기뻐하시는 일을 선택하고 시작할 뿐이다. 우리가 그것을 선택하고 실행에 옮기는 시작의 순간, 이미 하나님은 모든 것을 기쁘게 받으신 것이다. 그리고 우리는 하나님께 맡기고 그저 내가 선택한 그 길을 가면 되는 것이다. 나머지 인도하심과 동행하심은 하나님이 하실 일이다.

어린 자녀가 설거지 한 번 하고 뭘 바라고, 신발 정리를 한 번 하고 바라고, 양치질하고 바라고, 가기 싫은 학교에 간다고 뭘 바란다면 어떨 것 같은가? 한 가족으로 살아간다면 당연한 일들인데, 보상을 바라는 것이 얼마나 유치한 일인가 말이다. 그런 바람 자체가 모든 일이 자신을 위한 일이 아니라 부모를 위해 해 주는 것이라는 '기브 앤 테이크'에 근거한다. 기브 앤 테이크는 시작부터 말이 안 된다. 부모가 해 준 것을 따지기 시작하면 자식은 평생 부모에게 주기만 해도 모자랄 것이다. 애초에 따질 수 없는 불공평한 관계이다. 오히려 부모와 자녀 간의 공평한 관계란 부모가 주고, 자녀는 그것을 기뻐하고 감사하며 표현하는 데 있지 않을까.

우리가 하나님께 순종하는 일도 마찬가지이다. 내가 작은 것 하나 결단하고 실천했다고 해서 대가를 바라는 것 자체가 하나님과의 관계를 기브 앤 테이크로 설정하고 있다는 의미이다.

'시작하는 힘'의 가장 기초적인 토대는 '관계'이다. 하나님과의 사랑의 관계가 탄탄할 때 가장 쉽고 의미 있는 '시작'을 경험할 수 있다. 순종의 길을 가는 모든 단계의 순간마다 우리는 크고 작은 시작들을 해야 한다. 첫 도전의 시작만이 아니라 때로는 장애물을 넘는 시작이 되고, 어느 순간에는 인내의 시작이 되기도 한다. 이런 시작들이 모여 우리는 이 신앙의 여정을 온전히 이루어 가는 것이다.

그러니 결과를 바라보고 가지 마라. 하나님을 바라보고 가라. 열매를 내가 따겠다는 생각을 버려라. 열매가 주어지는 때는 하나님의 손에 달려 있으며, 하나님이 주시는 때가 가장 선한 때임을 기억하자. 결과에 연연하지 않을 때 훨씬 더 의연하게 시작한 일을 지속할 수 있으며, 가장 좋은 열매를 가장 좋은 때에 허락하실 것이다.

결과에 대한 환상을 버리고, 결과를 바라보고 가지 않는 마음을 가지려면, 시작하는 자체의 동기가 하나님이어야 한다. 때문에 하나님의 뜻을 순종하는 시작의 반복은 나의 신앙을 더 순수하게 만들고 본질인 하나님을 사랑하는 데 집중하게 한다.

- 처음부터 드라마틱한 기적을 기대하지 말아라.
- 결과에 대한 핑크빛 환상을 버려라.
- 시작하는 힘의 기초는 하나님과의 관계이다.
- 하나님과의 사랑에 도달하는 것이 가장 큰 보상이다.

JUST GO

하나님과의 관계가 깊어지는 것을
원하는 마음이 있는가?

07

미루지 말라_
미뤄서 좋은 일보다
나쁜 일이 가득하다

시작하는 힘을 누리지 못하는 사람들의 대부분은 일을 미루는 성향 때문이다. 그러나 어차피 해야 하는 일을 미뤄서 좋은 경우는 없다. 미루면 미룰수록 더 하기 싫어지고 더 할 수 없는 상황만 만들어진다. 아주 신기한 건 미루는 사람들은 이상하리만치 미룰 만한 핑곗거리가 계속 생긴다는 것이다. 앞에서도 언급했던 것처럼 사람은 하기 싫은 일이 생기면 그 일을 하지 않을 명분을 몸으로 만드는 경향이 있다. 내일 학교에 가기 싫으면 아주 늦게 일어나게 되고, 없던 두통이 생기거나, 몸이 으실으실 아픈 것처럼 느껴진다. 그 내면에서 이미 학교에 가기 싫다는 마음이 내 몸에 반영이 된 것이다. 그래서 하기 싫어서 미룬 일들을 다시 하려고 시작할 때 진짜 하기 싫은 마음이 들게 된다.

시작하는 것에는 큰 힘이 있다. 시작하면 하기 싫었던 일들이 생각보다 별게 아니라는 걸 알게 된다. 그리고 다음에도 그 경험을 토대로 빨리 시작할 수 있는 긍정적인 신호를 받게 되고 점점 실천력이 높아지는 것을 느끼게 된다.

시작을 미루는 대부분의 경우는 귀찮음 때문이다. 굳이 지금 하나 나중에 하나 뭐가 다른가. 조금 더 누워 있다 하지, 내일 하지, 다음에 하지, 라고 하는 순간 이미 실천 가능성은 50%가 떨어지게 된다. 세상에서 제일 쉬운 마귀의 속삭임이 '미뤄라'는 말일 것이다. '누가 하지 말래? 하라고, 해. 하나님을 위한 인생을 살아. 근데 나중에 하고 지금은 쉬어. 내일 하고 오늘은 놀아'라며 말이다. 이보다 더 명분이 있는 유혹이 있을까.

지금 시작하지 못하면, 내일은 지금보다 더 무거워진다. 내일 시작하지 않으면 모레는 시작의 발걸음이 천근만근이 된다. 생각과 결단은 희미해지고 머리 속에서는 점점 타협하기 시작한다. '꼭 네가 아니어도 돼….'

혹은 시작을 미루는 사람들 중에는 더 나은 환경이 올 때를 기다린다는 사람도 있다. 지금은 상황이 안 좋으니까, 나중에 상황이 좋아지면 한다고 한다. 그러나 거기에는 하나님에 대한 중대한 불신이 있다. '하나님에게 나쁜 환경이란 없다'라는 믿음이 부재한 것이다. 나에게 나빠 보이는 환경이더라도 하나님께 나쁜 환경 따위는 없다.

완벽한 때는 우리 인생에 없다. 모든 것이 다 준비되는 때도 없다. 인생은 그렇게 완벽한 순간을 만날 수 없는 연약한 존재임을 인정해야 한다. 나는 한없이 부족하고, 하나님도 그런 나의 부족함을 아신다. 그런데 그런 나에게 무언가를 요청하시는 것은 나머지를 아버지께서 채워주시겠다는 하나님의 의지이다. 그러니 기다린다는 것은 미루기 위해 스스로를 설득하는 명분일 뿐이다.

우리가 살아가는 모든 인생 가운데 하나님이 일하시기에 나쁜 환경은 없다는 사실을 믿어야 한다. 그리고 '내가 더 준비해야 하니까'라는 생각이 얼마나 하찮은 이유인지도 돌아봐야 한다. 내가 준비해서 더 좋은 환경을 만들 수 없다. 그렇게 준비해서 얼마나 더 나은 열매를 하나님께 드릴 수 있다고 생각하는지 스스로 정직하게 돌아봐야 한다. 신앙은 정직함에 발전이 있다. 내 마음에 나를 설득하고 들이대는 명분들이 얼마나 하나님 앞에 말도 안되는 사소한 것인지를 들여다 봐야 한다. 나만 설득하고 돌아앉아 버리는 것이 아니라, 그 이유를 가지고 하나님 앞에 나아가 보라. 그리고 하나님 앞에 정직하게 맞서 보라. 그 기도의 자리에서 납득이 됐다면 그건 멈추어도 될 일이다. 그러나 그게 아니라면 혹시 내 미루는 습관에 스스로 늘 그렇게 자리 깔고 누워 있는 것은 아닌지 돌아보자.

내 미루는 습관은 결국 타인의 신뢰를 잃게 만든다. 저 사람은 또 미룰 거라고 추측하고 그 사람보다 더 신뢰가는 사람을 찾게 만든다. 그렇게 나는 기회를 잃어 가게 된다. 미룬 일은 점점 더 하기 싫어지고 나는 시작하지 못하는 사람이 되고 만다. 나 스스로도 나를 믿지 못하게 되고, 다른 사람들도 나를 믿지 못하게 만든다. 이런 사소한 습관은 나의 자존감을 떨어뜨리고 내 삶의 질을 망가뜨린다. 미룬 일들은 점점 쌓여서 정작 급해졌을 때 허둥지둥 대충 때우게 되고, 결국 나는 어떤 성취욕도 맛볼 수 없게 되기 때문이다.

나에게도 남에게도 나는 일을 제때 시작하고 완수하는 사람이 될 필요가 있다. 그게 내 삶의 질을 바꿀 것이다. 그러니 환경 탓하며 미루지 말고, 환경에 연연하지 마라. 하나님께 나쁜 환경은 없다.

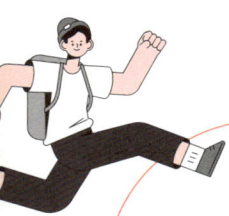

- 해야 하는 일을 미뤄서 좋은 일은 거의 없다.
- 일단 시작하면 하기 싫었던 일들이 쉬워지기 시작한다.
- 신중함과 게으름을 혼동하지 말라.
- 내가 기대하는 완벽한 때는 우리 인생에 없다.
- 미루는 사람은 타인의 신뢰를 잃는다.

JUST GO

나는 미루는 사람인가?
실천하는 사람인가?

PART. 3

어떻게 해야 시작할 수 있을까?

결정이 끝남과 동시에 아주 작은 것을 실천하라
그다음은 그다음에 생각하라
어려움을 만날 때 당연하게 여겨라
사람들의 평가에 연연하지 말라
하나님을 진짜 신이신 하나님으로 믿어야 한다
첫발에 비중을 두라
납득이 가지 않을 때 굳이 납득하려 하지 말라
하나님의 끝은 반드시 선하심을 믿어라

JUST GO

01

결정이 끝남과 동시에
아주 작은 것을
실천하라

시작이 어려운 사람들에게 추천하고 싶은 방법 중 하나는 결정했다면 무엇이든 바로 시작해 보라는 것이다. 뭔가 중요한 일, 더 의미 있는 일들을 가장 먼저 해야할 것 같지만 실제로는 아주 작은 것 하나를 먼저 실천하는 것이 훨씬 더 효과적이다. 결정이 끝났다면 실행은 정해진 일이다. 그렇다면 이제 실행을 위한 아주 작은 일을 찾아 실천하자. 그게 바로 시작이고 그럴 때 '시작하는 힘'을 제대로 경험할 수 있다. 산을 올라가기로 결정했지만, 산 정상을 향하여 한 발자국이라도 움직이지 않는다면 정상으로 가는 길은 언제나 똑같이 멀고

험하기만 하다. 하다못해 등산화를 구입하든, 배낭을 챙기든, 준비운동을 하든, 그와 관련된 지금 당장 내가 할 수 있는 일을 시작해야 한다.

아주 작은 일이지만 일단 결정한 일의 일부를 시작하면, 기대하지 못했던 기쁨과 만족함을 누리게 된다. 내가 이 일을 시작했다는 것, 실천하고 있다는 것, 그리고 앞으로 나아가고 있다는 마음은 동기부여에 중요한 감정이다. 또한 나는 지금 순종하고 있어, 하나님의 뜻을 위해 움직이고 있어, 하나님을 기쁘시게 하기 위한 여정 중에 있어, 하고 자각하는 마음은 매우 중요하다. 이 마음이 그다음으로 갈 수 있는 큰 힘이 된다.

그게 바로 시작하는 힘이다. 시작이 너무 작아서 겉으로 보기에는 '그게 뭐 대수야'라고 여겨지는가? 하지만 실제로 경험해 보면 '이 작은 걸 했는데 이렇게 뿌듯하다고?' 하는 마음을 발견할 것이다. 생각으로만 머무는 단계와 실천의 단계에서 행하는 것 그 작은 하나가 판도를 완전히 바꾸는 계기가 되기 때문이다. 이전 단계에서 한 단계 계단을 올라선 마음이 들 것이다. 그러고 나서 또 작은 일을 찾아 실천하라. 그렇게 아주 잘게 잘게 나누어서 실천한다면 순종을 시작하는 일이 거창하고 어렵지 않다는 것을 경험하게 된다.

물론 단계를 지나가면서 조금 더 큰 일을 감당해야 하는 순간이 온다. 하지만, 이미 경험한 시작의 자신감이 그 중반의 큰 일도 감당하게 만든다. 그게 시작이 가진 힘이다. 사고의 작용을 마쳤다면 행동으로 옮기는 시간을 최소로 줄여 반응하라.

나는 지난 2006년부터 책을 쓰기 시작했다. 책을 써 본 적이 없을 때는 저렇게 많은 내용을 어떻게 쓰지?라는 두려운 마음이 있었다. 수백 페이지에 달하는 글들을 쓰는 게 가능할까 싶었다. 그런데 수십여 권의 책을 쓴 지금 나는 책 쓰는 일을 그렇게 어렵게 생각하지 않는다. 방법은 모든 해야 하는 일의 크기를 줄여서 시작하는 것이다. 글을 끝내야 하는 탈고까지의 시간 대비, 써야 하는 양을 항상 하루 분량으로 나눈다. 만약에 A4 용지 70장의 분량을 한 달 안에 써야 한다고 하면, 하루에 2장 반씩만 쓰면 된다. 물론 주제도 정해야 하고, 목차나 기타 해야 할 작업이 많다. 그리고 책상에 앉는다고 글이 바로 써지지 않을 때도 많으니 너무 기계적이라고 생각할지 모르겠다. 하지만, 나는 그렇게 수십 권의 책을 써 왔다.

나에게도 시작이라는 게 있었다. 두려움에 떨며 글을 쓰던 때를 잊지 못한다. 그러나 두려움을 이기고 도전했던 시작이 지금을 만들었다. 만약 그때 용기를 내지 않았다면 나는 지금도 늘 책을 내는 사람들을 부러워하며 살고 있었을 거다.

모든 일들은 잘게 나누면 충분히 할 만하다. 그런데 그걸 거대한 과업으로만 바라보기 때문에 누구도 엄두를 내지 못하고 포기하고 싶어지는 것이다. 당신은 어떤가? 사소하고 작은 시작이 대수롭지 않다고 생각하는가? 저까짓 것 정도는 시작이라고 칠 수도 없다고 여기는가? 아니다. 완전히 다르다. 생각에 머물러 있는 것과 시작한 것은 하늘과 땅 차이다. 하나는 사고의 자리이고 하나는 현실의 자리이기 때문이다. 하나는 잡히지 않는 차원이고, 다른 하나는 보이는 차원이기 때문이다.

아주 작은 것이라도 시작해 보자. 다른 차원으로 빨리 단계를 넘어가 보자. 그리고 그런 시작의 반복이 결국 나를 더 역동적인 실행의 사람으로 바꿀 것이다. 꼭대기를 단번에 오르는 사람은 없다. 모든 계단을 하나하나 올라야 꼭대기에 도달할 수 있다. 지금 한 계단이 없다면 꼭대기는 나의 것은 아니다. 오늘 그 하나의 작은 계단을 오르는 용기를 주저하지 않고 실천하는 우리가 되기를 소망한다.

- 시작은 큰 것이 아닌 작은 것부터 실천해 보라.
- 작은 실천이 나를 기쁘게 만든다.
- 결정과 동시에 빨리 시작하는 것이 중요하다.
- 생각에 머물러 있는 것과 시작하는 것은 하늘과 땅 차이다.

JUST GO

너무 거창한 일부터 시작하려다
실패한 경우가 있나?

아주 작은 단위로
해야 할 일을 잘라 보라.
그리고 시작해 보라.

02

그다음은
그다음에
생각하라

우리는 생각이 많다. 그리고 생각에 오래 머문다. 내가 이 일을 시작하면 무엇도 해야 하고, 그다음에 무엇도 해야 하고, 걱정거리가 이만저만이 아니다. 그런데 그 생각에 사로잡히면 아무것도 할 수 없다. 결정하고 아주 작은 것을 실천할 때, 그다음 것은 그다음에 생각해야 한다.

처음 제주에 가기로 결정하고 얼마나 기도를 많이 했는지 모른다. 몇 달을 기도하면서 이 뜻이 맞는지를 점검하고 결정하고 준비하면서 하나님의 도우심을 구했다. 그런데 그때 하나님이 마음에 담아 주신 말씀이 있었다. 아브라함에게 주셨던 말씀이었다.

"믿음으로 아브라함은 부르심을 받았을 때에 순종하여 장래의 유업으로 받을 땅에 나아갈새 갈 바를 알지 못하고 나아갔으며"(히 11:8). 이 말씀이 제주 삶의 한 지침이 되었다. 내가 원해서, 내가 계획해서 가는 길이 아니라면 하나님의 뜻과 인도하심이 있을 거라는 믿음이 있었다. 그래서 그다음을 생각하지 않고 지금 내게 주어진 일들을 감당하면서 갔다.

제주에 가기 위해 내가 해야 할 일들을 시작했다. 거창하기보다는 아주 방법적인 일에 속하는 것들이었다. 동물병원에 가보고, 매일 시간을 정해 강아지 두 마리의 차 타는 훈련을 하고, 배를 탈 때 필요한 물품들을 사고, 통장 잔고를 확인하고, 제주의 집을 알아보고, 자가용에 어떻게 하면 짐을 많이 실을 수 있을까 고민하고… 아주 사소하고 방법적인 것들이지만 하나를 하고 나면 그다음에 할 것을 또 시작하고, 그다음에 또 해야 할 것이 있으면 그다음에 실천하면서 준비했다.

제주에 와서 제일 크게 배운 것이 있다면, 하나님의 시간을 기다리며 사는 사람의 유익이다. 나는 과거 하나님께 대한 충성으로 똘똘 뭉친 사람이었다. 그래서 하나님의 일이라면 어떤 것도 허투루 하고 싶지 않았다. 그래서 모든 변수들을 예상하고 예상해서 하나님을 위한 일이라면 꼭 완수하고 싶어 했다. 사역의 성향도 그랬다. 그러다 보니 예측하는 일이 습관이 되었고, 그래야 사역을 잘할 수 있었다. 그것이 하나님을 향한 나의 사랑이라 여겼다. 물론 외형적으로는 매우 충성스러운 종이었지만, 문제는 하나님이 끼어들 자리가 없었다는 것이다.

제주에 오면서 내가 마주치게 된 새로운 방식은 나를 완전히 바꿔 놓았다. 그다음을 생각하지 않고 '지금'을 생각하며 살아야 했다. 안 되는 일을 되게 하는 것이 아니라 안 되는 채로 지켜봐야 했다. 그 기다림 사이에 하나님이 일하시는 것을 보게 되었다. 내가 하는 게 아니라 하나님이 하시는 것을 보는 기쁨을 알게 된 것이다. 나 같은 사람이 안 되는 일을 안 되는 채로 두는 것은 참 어려운 일이다. 그런데 그대로 두면서 기도할 때 그 길이 아니라 다른 길로 하나님이 인도하고 계심을 발견하게 되었다. 드디어 내가 하나님의 뒷모습을 보면서 걸을 수 있게 되었다는 것을 알게 되었다.

과거의 사역은 목표가 설정되면 완수, 또 다른 목표가 주어지면 그것을 완수하는 것으로 나의 사랑을 하나님께 표현했고 그게 내가 할 수 있는 최선이라고 생각했다. 그러나 사역이 교회의 울타리를 벗어나면서, 나는 '일'로 하나님께 충성하는 법이 아니라 '마음'으로 하나님을 사랑하는 법을 배우게 되었다. 많은 일보다 나의 '사랑'이 하나님 앞에 훨씬 '더 큰 일'이라는 것을 비로소 알게 되었다. 그리고 자유하게 되었다. 제주에서도 마찬가지였다. 일보다 사람이 먼저였고, 사람은 그릇에 담는 것보다 자유로울 때 더 아름답다는 것을 알게 되었다. 그래서 교회라는 형태는 없지만 사람을 사람으로 두면서 사랑하고 섬기는 법을 배우고, 그만큼이나 자유롭고 아름다운 하나님의 일을 할 수 있게 되었다.

그다음일은 그다음에 생각해도 된다. 그다음의 일은 그다음 시간을 만날 때 더 좋은 결정을 할 수도 있다. 내가 알고 있는 지금의 일을 하면 되는 것이다. 하나님의 뜻 안에 머물러 있다면 괜찮다. 그리고 하나님의 뜻을 따르기로 결정하고 시작했다면 이 방식이 맞다. 하나님의 뜻이 무엇인지 그다음은 지금 내가 아직 모르니 말이다. 그다음을 걱정하는 것은 우리로 실천의 시작을 막을 뿐만 아니라 두려움을 부추겨 세운다.

오늘은 이것만 하면 된다. 오늘의 걱정은 오늘로 충분하다. 내일은 내일의 주님께 또 맡기자.

- 다음의 일은 다음에 걱정하라.
- 순종의 길에서 중요한 것은 지금을 사는 일이다.
- 하나님의 일은 나의 방식이 아니라 하나님의 방식으로 해야 한다.

JUST GO

하나님의 일에
너무 계획적이지는 않은가?

나의 방식이 때로 하나님의 방식과
다른 점이 있다면 무엇인가?

03

어려움을
만날 때
당연하게 여겨라

인생을 살면서 우리는 수도 없이 많은 어려움을 만난다. 그런데 유독 어려움을 만날 때 시험에 들거나 힘들어하는 경우는, 하나님의 뜻을 따라가다가 어려움을 만날 때이다. 그 안에는 하나님의 뜻에 순종하여 가는 길이니 하나님이 도와주셔서 순탄한 길을 갈 거라는 모종의 믿음이 깔려 있다. 사실 하나님은 우리를 인도하고 지키신다고 했지, 아무런 사건 사고 없이 모든 일이 잘 풀릴 거라고 약속하지는 않으셨다. 이 땅에서 그런 환경은 없기 때문이다. 이 세상은 하나님의 일하심이 전적으로 임한 세상이 아니다. 사탄의 세력이 주도하고 있는 세상 가운데 우리는 살고 있다. 그래서 선한 일을 하다가도 낙망할 만한 어려움을 당할 수 있고, 잘못을 하지 않아도 어려움을 당할 수 있다. 이 세상에서 어느 누구도 어려움을 피해 갈 수 있는 인생은 없다.

큰 아들이 26세의 나이에 악성 림프종에 걸렸을 때, 내 지인들은 분노했다. 내가 살아온 세월이 얼마나 험하고 고난의 연속이었는지를 알아서이다. 사역자로서 꽤 어려운 삶을 살았고, 하나님을 위한 인생을 살기 위해 지불했던 대가는 대단했다. 지나고 보면 내가 과연 다시 그런 삶을 살 수 있을까 싶을 만큼 열정을 다해 내 인생을 바쳤다. 사역자로서의 삶도 힘들었지만, 그 이후의 가장으로서 생계를 지고 가는 삶은 더 처절했다. 내가 이 길을 가지 않았다면 경험하지 않았을 일들이니, 사람들은 하나님이 나에게 가혹하다고 말했다. 20여 년의 고난의 시간을 지나 이제 살 만한가 싶을 때 만난 아들의 암은 가히 충격적이었다. 내 첫 질문은 '왜 내가 아니고 내 아들이에요?'였다. 나는 어떤 병이 들어도 이상하지 않을 만큼 몸을 혹사시키며 살아 왔으니 나여야 했다. 왜 우리 가정에 이런 일이 있어야 했는지를 물을 때, 내 마음 가운데 또 하나의 질문이 떠올랐다. '왜 너희 집은 안되니?'였다. 아 내가 교만했구나, 망치로 머리를 한 대 맞은 것 같았다. 내가 신앙생활 잘 했고, 내가 죽도록 헌신했고, 자타공인 미친 듯이 주의 일을 했으니까. 하나님이 내 가족은 질병에서 지켜 주실 거라고 생각했구나. 그러나 그 많은 사람이 걸리는 질병에서 나만 쏙 빠질 거라고 확신하는 게 옳을까? 아니었다. 이 세상 환경 속에 살아가는 사람들에게 일어나는 모든 일들이 나에게 혹은 나의 가정에 똑같이 일어날 수 있었다. 물론 일어나지 않는다면 좋겠지만, 내가 헌신했었기 때문에 이 모든 것을 피해 갈 수 있을 거라는 상상은 교만이었다. 나도 다른 사람들처럼 어떤 일이 일어나도 이상하지 않다는 것을 먼저 받아들이게 되었다.

생각하면 피식 웃음이 나는 농담이 있다. 어떤 사람이 하나님께 자신을 지켜 달라며 날마다 기도했다고 한다. 그럴 때마다 하나님께서 여호수아서 1장 9절의 말씀을 주시면서 확신을 주셨다고 한다. "담대하라. 두려워하지 말며, 놀라지 말라." 이 말씀을 붙잡고 살던 어느 날 큰 교통사고가 났다고 한다. 그러자 이 사람은 하나님께 따졌다. "하나님이 지켜 주신다고 함께 하신다고 해 놓고 이게 뭡니까!" 그러자 하나님이 이러셨단다. "그래서 내가 놀라지 말라고 했잖아."

생각할 때마다 웃음이 나면서 한편으로는 수긍하는 부분이 있다. 성경 어디에도 우리가 어떤 어려움도 겪지 않을 거라고 보장하지 않는다. 그러나 하나님이 우리를 방치하시는 것이 아니다. 우리가 어떤 어려움에 있든지 하나님은 이 부조리한 세상에서 겪는 우리의 현실 속에서 늘 함께 하신다. 아들이 암에 걸렸지만, 그 모든 과정 가운데 놀라운 은혜로 함께 하셨다.

> 내가 네게 명령한 것이 아니냐 강하고 담대하라
> 두려워하지 말며 놀라지 말라 네가 어디로 가든지
> 네 하나님 여호와가 너와 함께 하느니라 하시니라(수 1:9).

장애물을 만나거나 어려움에 직면했을 때 놀라지 마라. 그 어려움을 당연하게 여겨라. 모든 일에는 장애물이 있고 어려움이 있다. 어려움을 만날 때 하나님과 더 친밀한 관계를 가지며 극복해 가면 되는 일이다. 모든 상황 속에서 제일 중요한 것은 하나님과의 관계이다. 이 관계가 잘 되어 있으면 우리의 어떤 오해도 풀릴 수 있다. 우리의 시작하는 힘은 결국 다 하나님과의 관계에서 나온다. 이외의 것이 동기가 되거나, 힘이 된다면 그 결과가 왜곡될 수 있음을 기억하라. 순종의 힘, 시작하는 힘은 하나님을 향한 진심 어린 사랑에서 나와야 한다.

- 시작하는 여정에 어려움은 당연한 것이다.
- 이 세상 모든 사람들이 겪는 어려움은 나에게도 올 수 있다.
- 모든 상황 속에서 제일 중요한 것은 하나님과의 관계이다.

JUST GO

살면서 어려움을 당할 때
하나님을 원망해 본 적이 있는가?

혹시 나만 극한 어려움을
피해갈 것이라 믿는가?

04

사람들의 평가에 연연하지 말라

하나님의 뜻을 따른다고 할 때 무슨 대단히 위대한 일을 해야 하는 것은 아니다. 그저 일상을 살면서 할 수 있는 일들도 많다. 그 모든 것을 포함해서 하나님이 주신 것이라는 확신이 든다면 시작하자.

때로는 한없이 미운 상사를 사랑하는 일이 될 수도 있고, 갑자기 떠오른 오래 연락하지 않았던 지인에게 전화를 걸어야겠다는 마음일 수도 있다. 혹은 나의 오랜 나쁜 습관을 고치기 위한 노력일 수도 있다. 한 번도 인사를 건네지 않았던 경비 아저씨에게 먼저 인사를 건네는 일일 수도 있고, 어쩌면 모든 짐을 싸서 해외로 가야 하는 일일 때도 있다. 선교를 떠나거나 아니면 하던 일을 멈추고 다른 일을 해야 하는 모험일 때도 있다. 크기의 차이는 있겠지만, 이 모든 것 하나 하나의 동기는 같다. 하나님이 원하신다는 것. 그리고 그 하나님을 기쁘시게 하기 위해 내가 그 뜻을 따르겠다는 결단이다.

이런 결단 혹은 결정을 할 때 남들이 보기에는 이해가 잘 안 되는 타이밍일 때가 있다. 한참 잘나가고 있는 때에 일을 그만두거나, 설명할 방법이 없는 하나님의 콜링을 받는 경우도 그렇다. 눈에 띄는 변화이기 때문에 사람들의 '왜 그러냐'라는 질문 앞에 설명을 해야 하는 경우도 많다. 그럴 때마다 난감함을 느낀다.

햇수로 8년을 다녔던 회사 사목을 그만둘 때 그랬다. 회사에서는 나를 많이 배려해 줬고 교회에서 받는 사례와는 비교할 수 없을 만큼 대우도 좋았다. 그 이외에 회사에서 나오는 상품들을 원 없이 누릴 수 있었고, 직원들도 좋아해 줬다. 일하면서 우여곡절도 많았지만, 힘든 일이 있다고 그만두겠다고 생각했던 적은 없었다.

그런데 어느 순간부터 기도할 때마다 그만둬야겠다는 마음이 들었다. 특별한 이유가 있는 것도 아니었는데 그 마음의 움직임이 너무 분명해서 괴로운 시간을 보냈다. 사람들은 모두가 만류했다. 나도 이해가 안됐으니 다른 사람들이 이해 못하는 것도 당연한 것이었다. 3개월 정도를 기도하다가 때가 되었다는 생각이 들었다. 그래서 모든 만류를 뒤로 하고 사표를 냈다. 마음의 확신 앞에 정직하기로 했다.

뒤를 돌아보면 가장 정확한 때에 내가 그만뒀다는 생각을 금할 수 없다. 이후 경제적으로는 어려웠지만, 그래도 그 때를 놓치지 않은 게 정말 다행이라 생각한다. 나는 알 수 없는 하나님의 때가 있음이 분명했다.

이처럼 사람들에게 설명할 방법이 없는 때를 만난다. 제주에 와서 거주하기로 결정할 때는 역으로 오해를 받기도 한다. 사람들은 '나이 들어 최고의 삶을 살고 있네요. 너무 너무 부러워요. 세상 다 얻었네요.' 이런 찬사를 한다. 물론 그렇다. 제주의 자연은 해외 어디도 부럽지 않을 만큼 아름답다. 그런데 그게 돈이 많아서 은퇴하고 낭만을 즐기러 온 한가한 결정은 절대 아니다. 힘든 시간을 보낼 때 마음 한편에서는 '그럼 당신도 와 보세요'라는 말을 속으로 한다.

사람들은 내가 감당한 리스크가 어떤 것인지 모른다. 다른 사람들보다 훨씬 심플해 보일 수 있다. 그러나 그렇게 보일 뿐이다. 다 설명할 필요도 없다. 그저 나와 하나님과의 관계에서 옳다 여겨지면 될 일이다.

그러나 여기서 주의할 점이 하나 있다. 신앙적 결단은 늘 주관적이다. 그래서 사람들이 이단에 빠지기도 하는 것이다. 자기 마음의 확신에 너무 집착하다 보면 상식적이지 않는 행동을 하면서 하나님의 뜻이라고 우기는 경우가 있다. 하나님께 순종함이 때로 이런 오류에 빠지지 않도록 주의해야 한다.

내 인생 가운데 일하시는 하나님은 부도덕하거나, 비윤리적이거나, 이 세상일이 아닌 것 같은 일을 시키는 분이 아니다. 성경에 비추어 보았을 때, 내 삶을 인도하셨던 하나님의 성품을 보았을 때, 어긋남이 없어야 한다. 하나님의 인도하심에 이런 하나님의 성품에 어긋남이 없으며, 치우친 마음 없이 내려놓고 기도했다면 우리는 하나님의 인도하심을 받게 된다. 검증되지 않은 자기 생각이 반영된, 그저 정당성을 얻기 위해 기도응답이라고 말하는 그런 주관적 확신을 밀어붙이라는 의미가 아님을 기억해야 한다. 그런 전제가 있다면, 사람들이 나를 어떻게 볼까 두려워할 필요는 없다.

2007년 10월에 교회를 사임하고 두 달만에 미국으로 건너갈 때, 나의 동료들은 나더러 미쳤다고 했었다. 영어도 못하고 형편도 안되는 사람이 무모하게 미국에 간다는 것이었다. 그들은 내가 사임하고 두 달만에 떠난 것으로 생각했지만, 사실 나는 1년을 준비했었다. 2007년 1월, 미국에 집회하러 갔다가 만난 하나님의 이끄심에 두렵지만 순종의 길을 시작했었다. 전세금을 다 빼서 중3 아들을 데리고 영어도 못하는 사람이 미국으로 건너갔다. 도저히 낼 수 없는 용기였지만 죽을 힘을 다해 도전했다. 그리고 깨달은 하나의 사실은 '도전하지 않으면 볼 수 없는 세상이 있다'는 것이었다. 이 도전하는 힘, 시작하는 힘은 이후 내 인생을 이끄는 원동력이 되었다.

갈 때는 평생 그곳에 살 생각으로 갔지만, 2년 만에 나는 다시 한국으로 이끄시는 하나님의 인도하심을 따라 귀국했다. 미국에 가기 위해 1년 동안 눈물로 기도했고 미국에서도 이러저러한 어려움이 있었지만, 지금도 그 시절은 내가 기억하는 가장 아름다운 시절 중 하나가 되었다.

설명하지 말고 내면의 힘을 키워라. 나와 하나님과의 친밀함에 집중하고, 사람의 평가에 연연하지 말아라. 사람들은 생각보다 나에게 호의적이지 않다는 것을 기억하자. 가십을 좋아하고 판단하기를 즐겨 한다. 쉽게 말하고 쉽게 잊어버리는 이들의 눈치를 보느라 하나님의 일하심을 소홀히 여기는 오류를 범하지 않기를 바란다.

- 모든 시작의 동기는 하나님을 기쁘시게 하는 데 있다.
- 나는 알 수 없는 하나님의 때가 있다.
- 하나님의 인도하심에는 하나님의 성품이 담겨 있다.
- 사람들의 평가에 연연하지 말라.

JUST GO

때로 설명할 수 없는
하나님의 인도를 받은 경험이 있는가?

나는 사람들의 평가를
두려워하는가?

05

하나님을 진짜 신이신 하나님으로 믿어야 한다

11살 때부터 하나님을 열심히 믿었던 나는 기도하거나 말씀을 읽고 새롭게 깨달은 게 있으면 기록하는 습관이 있었다. 특별히 대학생이 되고 인격적인 하나님을 알게 된 이후에는 더욱 그랬다. 하나님이 은사를 주셔서 때로 기도하면 특별한 영감을 주시는 경우도 있었다. 한 15년 정도를 그렇게 기도에 집중하는 생활을 하다가 지금은 그저 누가 봐도 평범한 신앙인으로 살고 있다.

그러나 그때나 지금이나 달라지지 않은 것 하나는 기도하는 순간, 혹은 하나님을 생각할 때 그분이 얼마나 크신 하나님이

신지에 대해서 잊지 않으려고 노력하는 점이다. '나에게 이런 깨달음을 주신 분이 거룩한 신이라면 얼마나 대단한 일인가?' 하며 아주 작은, 별거 아닌 것 같은 말씀도 모두 적었고 해마다 대학 노트 사이즈의 스프링 노트로 한 권씩을 써서 5-6권이 되었다. 나는 이 마음을 무척 소중하게 여겼다. 내가 하나님과 친해졌다고, 혹은 하나님이 익숙하게 느껴진다고 하나님을 소홀히 여기거나 아무렇게 생각하는 때가 올까 봐 두려웠다. 마치 부부가 연인일 때는 마냥 좋고 설레더니 결혼해서 중년을 넘어서면 무덤덤하고 식상해져 버리는 것처럼 말이다.

하나님을 믿다 보면 '그저 그런 순간'이 금방 오기도 한다. '하나님이 뭐 대수야', '하나님이 밥을 먹여 줘, 떡을 먹여 줘', '하나님이 있으나 없으나 다들 잘 살더만', 혹은 믿음을 유지하더라도 그 마음에 반감이 자리잡거나, 집안의 가구처럼 하나님을 내 삶에 그저 멀뚱히 서 있는 존재로 여기는 때가 있다. 주일날 교회는 가지만 감동도 없고 일상일 뿐이다. 설교를 듣지만 하나님의 존재도 너무 일상이 되어 무덤덤해진다. 누구나 이런 시절을 경험할지 모르겠다.

그러나 하나님에 대한 경외함을 기억하고 있을 땐 하나님의 한 호흡도 소중하다. 그분의 작은 소리도 놓칠 수가 없다. 나는 어린 시절부터 마음속에 '하나님은 위대한 신이셔. 내가 범접할 수도 없는 놀라운 신이야. 그걸 잊지마!'라고 되뇌었다. 평범한 깨달음 같아도 그런 신이 나에게 직접 말씀을 깨닫게 하신다고 생각하면 신기하고 감사해진다. 그렇게 기도하다 보면 그 소중한 말씀을 행동하지 않을 수 없게 된다. 내게 주신 소중한 깨달음, 귀한 하나님의 나를 향한 뜻을 놓칠 수가 없다. 그래서 행동하기 시작했다. 그 행함의 시작은 내가 하나님을 진짜 하나님으로 믿는가에 대한 바로미터가 되었다. 팬들이 자신이 좋아하는 연예인을 만날 수 있다면 얼마나 큰 대가를 지불하겠는가. 그들이 자신의 이름을 불러주기만 해도 감동의 눈물을 흘리지 않는가. 하물며 하나님, 천지를 만드신 위대한 신이 나를 만드시고 내 이름을 부르셨다. 그리고 나에게 말씀하신다. 나를 인도하신다. 나에게 관심을 가지고 나를 사랑하신다. 이것보다 더 성공한 팬이 어디 있을까?

나를 사랑하는 그분이 나를 위해 명하신다. 받아 적어서 소중히 간직하고 그분의 기쁨을 위해 실천하기를 시작하는 게 너무 당연한 일이다. 그런 마음으로 간직하고 실천해 왔다. 물론 실패할 때도 많았지만, 마음의 중심은 그랬다.

만약 하나님의 뜻이 행해지지 않는다면, 아무것도 시작하지 않고 있다면, 하나님을 향한 내 마음이 어떤지를 돌아봐야 할 수도 있다. 하나님을 그저 그런 존재로 여기고 있지는 않은지. 좋아하지도 않으면서 필요할 때만 찾는 그런 존재는 아닌지 말이다. 너무나 흠모하고, 사랑하고, 그분이 높고 크신 신이라는 사실을 진짜 믿고 있다면 그 말씀을 행하지 않는 것이 더 어려울 것이다.

하나님의 크심을 인정하자. 그리고 그분이 진짜 우주를 만드신 신이심을 진심으로 믿자. 그 위대한 분이 나를 사랑의 눈으로 지켜보시고 할 말이 있다며 기다리고 계신다. 이 얼마나 감격인 일인가? 그분이 나를 만드시고, 이끄시고, 지금까지 살게 하신 분이시다. 그분에게 물을 때 나의 인생은 참 답을 얻을 수 있을 것이다.

그분에게 묻고 그분에게 귀 기울이고 그분의 말씀을 읽고 내 삶의 새로운 변화를 시작하자. 나를 향 한 하나님의 뜻이 반드시 있음을 믿고 한 발을 내딛기 시작한다면 우리는 그 시작하는 힘으로 하나님과의 동행을 시작하게 될 것이다.

- 하나님이 창조주 신이라는 사실을 진심으로 믿어라.
- 시작의 원동력은 위대한 신이 내게 명령하셨다는 사실이다.
- 일상 생활에서 하나님의 크심을 인정하라.

JUST GO

하나님이 두려울만큼
거대하게 느껴진 적이 있는가?

그 위대한 하나님이 나에게 오셨다.
감동을 누려라.

06

첫발에
비중을
두라

　　　　　　만약 당신이 처음 하나님의 뜻을 실천하기 시작했다면 대단한 시작을 한 것이다. 무엇이든 좋다. 아주 작은 것도 좋다. 시작은 그 자체만으로 아주 큰 의미를 갖는다. 옛말에 '시작이 반이다'라는 말이 있다. 이 말이 얼마나 진리인지는 시작해 보면 금방 깨닫게 된다.

　특별히 신앙생활에서 시작은 모든 것을 의미하기도 한다. 순종의 길을 출발했다면 그 결과와 상관없이 하나님 앞에 모든 것을 행한 것과 같은 동일한 인정을 받는다고 생각한다. 결과는 중요하지 않다. 결과는 하나님의 손에 있기 때문이다.

때로는 과정 중에 어그러질 수도 있고, 결과를 얻기도 전에 실패를 경험할지도 모른다. 그런가 하면 생각하지도 못한 아름다운 열매를 거두어 감탄할 때도 있을 거고, 그 결과를 보지도 못하고 죽을 수도 있다. 그러나 하나님 앞에서 중요한 것은 하나님의 명령에 내가 보인 결단과 그 행함의 시작이다. 요단강에 발을 딛는 순간 요단강의 물이 멈추어 쌓였던 것처럼, 발을 내딛는 그 순간이 순종의 정점이 되는 것이다.

결과를 바라보며 지금 시작하는 것을 하찮게 여기지 말라. 그 시작이 온전한 마음 전부였다면 하나님은 이미 그 중심을 받으셨을 것이다.

홍해를 건널 때에도 요단강을 건널 때에도 이스라엘 백성들은 매우 두려웠다. 뒤에서 쫓아오는 적들이 있는 홍해도 죽을 것 같은 마음이었겠지만, 물을 건넌다는 측면에서 홍해보다 요단강이 더 두려울 수도 있었다. 홍해는 갈라진 것을 보고 건넜지만, 요단은 물이 철렁철렁 요동치는 것을 보면서도 발을 내디뎠다. 그 믿음의 첫발이 얼마나 소중한가? 때로는 죽음을 각오한 믿음이고, 하나님 앞에 나의 모든 것을 내어놓는 헌신이다. 자신의 이성적인 판단보다 하나님의 판단을 인정하지 않고는 할 수 없는 시작이다. 그 시작의 발걸음이 모든 발걸음 중 가장 무겁고 가장 진심이고 가장 의미 있을 수 있다. 그래서 시작하는 힘이 위대한 것이다. 시작이 어려운 이유는 두려움 때문이지만, 두렵지 않은 사람은 없다. 용감해 보이는 사람이나 주저하고 있는 사람이나 모두 다 두렵다. 다만 그 두려움을 이기고 시작하느냐, 두려움에 주저하고 시간을 끌다 주저앉느냐의 차이이다.

내가 느끼는 두려움보다 크신 하나님을 진짜로 믿지 않으면 누구도 두려움을 이길 수 없다. 머리로 아는 크신 하나님이 두려움 앞에서 실제가 될 때, 우리는 그 두려움을 넘어서게 된다.

두려움은 사실 설득으로 이기기는 어렵다. 백 가지의 이유를 들이대고 할 수 있다고 말해도, 이백 가지의 두려울 만한 것을 찾아낼 수 있다. 그래서 두려움은 행동으로 이겨야 한다. 두려울수록 빨리 시작하라. 시작의 힘이 얼마나 빨리 그 두려움의 강을 건너게 하는 힘이 있는지 알게 될 것이다.

비명을 지르며 난리를 피우는 강아지 두 마리를 싣고 공원으로 차 타는 연습을 하러 나간 첫 날, 나는 이미 제주에 가기로 내 무게 중심이 옮겨졌다. 첫 연습은 실패였다. 그러나 다음 날, 그다음 날이 지나면서 별 진전없는 상황보다 더 빨리 전진하는 것은 두려움을 이기고 가고야 말겠다는 나의 의지였다.

누군가에게는 너무 쉬운 일이 누군가에게는 너무 어렵기도 하다. 그래서 두려움은 서로 비교해서 더 두렵고 덜 두렵고를 말하기 어렵다. 영어를 잘하는 사람에게는 영어 인터뷰가 너무 쉬운 일이지만, 영어를 못하는 사람에게는 가는 길 자체부터 두려움에 휩싸일 수 있다.

누구의 두려움도 폄하될 수 없다. 모두에게 실제이다. 그러나 그 두려움을 어떻게 다루느냐는 차이가 있다. 더 크신 하나님을 신뢰함으로 몸을 던지든, 눈을 질끈 감고 몸을 던지든 몸을 던져보라. 그냥 전진해 보라. 용감히 시작해 보라. 그럴 때 상상했던 것보다 훨씬 많은 두려움이 사라지는 것을 경험할 것이다.

첫 시작이 제일 두렵다. 그래서 첫 시작이 중요하다. 첫 시작을 통해 시작하는 힘이 작동하는 것을 경험해 보기 바란다.

- 하나님 앞에 중요한 것은 명령에 대한 나의 태도이다.
- 신앙 안에서 시작은 때로 모든 것을 말한다.
- 첫 시작이 제일 두렵다.
- 하지만 내 두려움보다 하나님이 크시다.

JUST GO

하나님의 명령 앞에
나의 마음은 어떠한가?

하나님의 능력 안에
내 두려움의 해결이 있다고
생각하는가?

07

납득이 가지 않을 때 굳이 납득하려 하지 말라

나는 신비주의자가 아니다. 그러나 기독교는 신비를 제외하고는 설명할 수 없다. 나는 모태신앙으로 자라나면서 아주 열심히, 그리고 성실히 신앙생활을 할 수밖에 없었다. 내가 성장할 때 우리 가정은 그렇게 화목하지 않았고, 당시 아버지는 술에 취해 집에 들어오셔서 종종 화를 내는 일이 잦았다. 그래서 아주 어릴 때부터 나에게 교회는 도피처였고, 유일한 위안처였다. 하나님을 만나지 않았더라면 막 나가는 삶을 택했을지도 모를 만큼 불행한 어린 시절을 보냈다. 그래서 더 예수님께 매달리고, 은혜를 사모하는 인생을 살았다.

그러다 보니 하나님을 믿으며 신비한 경험을 많이 하며 살았던 것 같다. 하나님의 일하심 자체가 신비한 일이니 어쩌면 그 일하심을 많이 느끼고 살았다고 표현할 수도 있겠다. 하나님을 향한 갈망만큼이나 내면적인 하나님과의 만남이 나에게 큰 위안을 주곤 했다.

그리고 인생에 고난이 있을 때마다 기도하면서 내 삶을 주시했다. 하나님께서 기도의 응답을 주시거나, 어려운 역경에서 건지실 때면 그것을 잊지 않고 전후를 기억하는 버릇이 있었다. 고난이 지난 후에는 언제나 하나님께서 영적인 보상과 같은 것을 주셨다. 어떤 때는 사람을 더 깊이 이해하는 마음이었고, 어떤 때는 세상을 바라보는 안목이 넓어지는 것이었다. 마치 계산이라도 하듯이 나의 인생의 고난 가운데 일하시는 하나님이 어떤 분인지를 면밀히 살폈다. 그래서 고난이 오거나 어려움이 있어서 기도해야 할 때 오히려 기대감이 있었다.

늘 그래 왔던 것처럼 하나님이 얼마나 좋은 영적인 선물을 주실지 기대가 되었다. 그것이 시간이 지나 선하신 하나님에 대한 믿음이 되고, 나의 삶을 하나님께 던질 수 있는 신뢰로 작동했다. 고난이 끝이 아니라는 것은 내 삶을 살며 통계적으로 알게 되었다. 고난 후에는 보다 나은 선물- 물질의 손해를 봤으면 더 큰 물질을 주시는 그런 류의 선물이 아닌-이 있다는 것도 알게 되었다. 그래서 하나님 뜻에 몸을 던지는 것을 사리지 않을 수 있었던 것 같다. 나에게 늘 그래 오셨으니까, 하나님의 선하심은 언제나 내 삶에 증명되었으니까, 내가 생각한 것 너머의 좋은 것을 주기 원하시는 분이시니까, 하면서 말이다.

물론 하나님의 명령이 납득되지 않을 때도 있었다. 어쩌면 거의 대부분이 그랬다. 굳이 그렇게 힘들게 살지 않아도 되고, 굳이 그렇게 나서지 않아도 될 때도 있었다. 그러나 가장 적합하지 않은 상황과 명령 앞에 설 때, 우리가 하나님을 이해할 수 있는 존재가 아니라는 사실을 다시 기억해야 한다.

2007년 1월 미국에 청년 집회 요청을 받고 미국 캘리포니아에 갔을 때, 집회 준비를 제대로 할 시간이 없어서 근처에 있는 풀러신학교의 기도 처소에 갔었다. 하나님께서 이번 집회가 어떠하길 원하시는지 기도하려는 목적이었다. 하나님께 묵상하며 기도하는데 뜻밖의 음성이 마음에 들어왔다. '네가 미국에 와서 살게 될 것이다'라는 것이었다. 나는 순간 웃으면서 '제가요?'라고 반문했다. 옳고 그름을 떠나 너무 뜬금없는 때와 내용에 '저는 영어를 너무 못해서 여행은 오겠지만 살 생각은 전혀 없습니다'라고 단언하고는 다시 집회를 위해 기도하기 시작했다. 그러나 다시 한번 동일한 음성이 마음에 울려 왔다. 내가 원하는 바가 전혀 아니었으니 내 소망이 투영된 응답이라고 생각할 수 없었고, 그렇다고 부인하기에는 너무 선명했다. 그래서 '언제요?'라는 물음을 다시 물었을 때, '1년 안에'라는 응답을 끝으로 나는 고민에 빠졌다.

왜? 이 타이밍에? 어떻게? 등등의 의문이 쏟아졌다. 그 당시 이혼한 여자에게는 비자가 잘 나오지 않던 시대였다. 거기다 나는 벌이도 변변치 않으니 비자가 나올리 만무했다. 내 상황 역시 갈 수 있는 상황이 아니고, 그 이유도 납득할 수 없었다. 집회를 마치고 한국으로 돌아와 진지하게 고민하기 시작했다. 방법을 고사하고 이것이 진짜인지 아닌지를 알 수 없었다. 깊이 기도하기 시작했고, 아닐 거라는 혹은 내가 잘못 이해한 것이라는 마음으로 기도하다 결국 승복하게 되었다. 그리고 1년 동안 안 되는 일을 되게 하기 위한 모험의 연속이었다. 생계를 위해 다녔던 네다섯 군데의 신우회 인도를 모두 사임하고 목사 안수를 준비하고, 교회를 사임하고, 비자를 받고 결국 같은 해 12월 미국에 도착했다.

가장 힘들었던 것은 왜 그래야 하는지 전혀 납득이 되지 않는 것이었다. 상황적으로 봤을 때 여행이 아니라 거주하러 갈 수는 없는 모든 조건을 가지고 있었다. 미국에 살고 싶었던 꿈이 있었던 것도 아니고, 한 번이라도 생각해 본 적이 없었다. 함께 있어 줄 지인이 없다면 여행조차도 가기 어려운 사람이 어찌 감히 거주를 생각할 수 있었을까?

그러나 하나님의 뜻은 분명했다. 아니길 바라는 마음으로 기도하면서 버티고 있던 어느날, 신학대학원 강의를 하고 있을 때 한 학생이 말했다. "교수님, 하나님께서 미국에 가라고 하시네요." 깜짝 놀랐다. 3월이었다. 이제 막 학기가 시작해서 학생들과 개인적인 이야기를 나눌 일도 없었고, 하물며 내 상황을 아무것도 모르는 첫 학기 수강생이 이런 이야기를 한다고?

"네? 무슨 말씀이세요?"

"하나님이 미국에 가라고 전하라시네요. 큰 아들은 두고 가시래요."

내가 납득하지 못해 버티고 있는 마음을 아셨는지 하나님은 이상한 방법으로 내게 그 뜻을 전달하셨다. 미국에 사는 동료 목사는 '목사님은 박사 학위가 있으니 풀러신학교를 통해서 J비자를 받을 수 있을 거예요'라고 방법을 알려주었고, 그냥 비자라면 어렵지만 방문 학자 비자로 신청해 최종적으로 풀러신학교의 방문 학자 자격으로 비자를 받을 수 있었다. 나중에 안 사실이지만, 비자 신청도 두 명의 신청자 중 우여곡절 끝에 내가 선발되었다는 것을 몇 년 후에 알게 되었다. 그렇게 중학교를 갓 졸업한 둘째 아들을 데리고 나는 미국 땅을 밟았다.

  하나님은 우리보다 크시다. 커도 너무 크시다. 그래서 우리 눈에 잘 보이지 않는다. 개미가 아무리 멀리 가서 본다 해도 코끼리를 볼 수 없는 것처럼, 지구보다 우주보다 크신 하나님을 우리는 가늠할 수 없다. 그래서 그분의 생각에 엎드려야 한다. 나를 납득시키면 하겠다고 실랑이를 하는 게 아니라 납득하지 못해도 하겠다는 신뢰가 필요하다. 납득하려 하지 말라. 해석하려 하지도 말라. 하나님은 우리가 납득할 수 있는 크기의 분이 아니시다. 우리의 해석은 틀릴 가능성이 훨씬 더 많다. 그냥 시작하라. 그냥 가라. 그다음은 그다음에. 해석도 그다음에. 열매도 그다음에! 그냥 믿고 가라. JUST GO!

- 고난 다음에 하나님은 언제나 영적인 보상을 주신다.
- 하나님의 생각은 너무 커서 납득이 되지 않을 수 있다.
- 하나님의 크심을 믿고 시작하라.

JUST GO

납득할 수 없는 하나님의 명령을
받은 적이 있는가?

그때 당신은 어떤 선택을 했는가?

08

하나님의 끝은
반드시
선하심을 믿어라

　　　　　　인생의 고난을 겪을 때 그것을 이겨 낼 수 있는 힘은 어디서 올까? 내 경우는 '언제나 선하신 하나님'에 대한 믿음이었다. 말도 안되는 고난이 엄습할 때 가장 먼저 드는 생각은 억울함이다. 왜 나만 이런 고난을 당해야 하는지, 피할 길은 없었는지, 한 번도 아니고 업친 데 덮치는 고난을 경험할 때는 어안이 벙벙해지면서 기도도 할 수 없는 지경에 이른다.

　생각할 힘조차 없을 때 현실은 악마처럼 내 일상을 파고 든다. 불구덩이를 밟지 않고는 하루를 살아갈 수 없는 고난이 왔을 때, 나를 견디게 한 것은 '끝이 선하신 하나님'이었다.

회복된 일상이 겹쳐지고 있을 때, 그래서 고난의 말미가 기억도 잘 나지 않을 때쯤 아름다운 열매로 다가오시는 하나님을 만나곤 했다. 대체로 그것들은 나 자신의 변화였다. 날카로움이 사라지거나, 전혀 안중에도 없던 힘든 사람들이 눈에 들어오거나 도저히 품을 수 없던 사람들이 편하게 품어지는 등, 아무리 노력해도 되지 않던 것들이 되는 경험을 하면서 고난을 당할 때는 그 이후가 기대되기 시작했다.

하나님은 우리를 변화시키기 위해 고난을 조작하거나 일부러 고통을 끌어다가 발밑에 두시지 않는다. 이 부조리한 세상을 살다 보니 어쩔 수 없이 만나게 되는 악인들, 질병들, 사고들, 억울한 일들이 나를 덮쳤을 때 주님은 그 속에서 나를 하나씩 하나씩 걷어 내어 드러나게 하시고 나를 건져주셨다. 때로는 그 손길로 인해 이전보다 더 나은 상황이 되기도 했다. 합력해서 선을 이루는 하나님의 손길은 언제나 따뜻했고, 놀라웠고, 나를 치유했다. 그러나 그 시간은 아주 길고 지루했으며 포기하고 싶을 만큼 눈에 띄지 않는 시간이기도 했다.

하나님의 일하심을 보려면 인내가 필요하다. 그리고 내 생각보다 30배쯤은 시간이 더 걸리는 것 같다. 그만큼 하나님의 시간은 길다. 그러나 하나님은 반드시 일하시고 보이지 않을 때에도 나와 동행하신다. 그 믿음이 내 삶의 선택의 기로에서 아주 많은 선명한 기준을 제시했다.

우리는 볼 수 없어서 판단이 어렵다. 느낄 수 없어서 동행을 확신하기 힘들다. 내가 보는 상황의 판단으로는 끝이 좋아 보이지 않을 수도 있다. 그러나 그건 전적으로 나의 판단이다.

하나님의 판단을 의지하는 것, 하나님의 뜻을 따르는 것, 하나님의 인도함을 받는 것에는 마음의 헌신이 필요하다. 내 마음을 내려놓고, 내 판단을 내려놓고, 내 기대를 내려놓고, 하나님께 나의 인생을 진심으로 맡길 때. 그때 비로소 시작할 수 있다. 땅만 보고 걷는 걸음이 아니라 하늘을 보는 걸음이고, 지금의 초라함이 아니라 끝이 아름다운 도전이다. 하나님을 바라보는 시작이다. 그리고 그런 시작에는 힘이 있다. 믿음의 힘이요, 신뢰의 힘이요, 헌신의 힘이다.

하나님이 이끄시는 그 길의 끝이 반드시 선할 것을 믿는가? 이 질문에 대한 답이 순종의 길을 시작하려는 우리 모두에게 필요하다. 그래야 끝까지 갈 수 있다. 중간에 의심으로 포기하지 않을 수 있다. 그리고 믿음 가운데 있다면 그 걸어가는 모든 길에 자유함이 있다.

제주에 살면서 삶의 지침으로 삼았던 '갈 바를 알지 못하지만 떠난' 그 아브람의 믿음으로 가는 것이다. 어디로 갈지, 어떻게 갈지, 언제까지 갈지, 무엇을 해야 할지 아무것도 알지 못하지만 지금 내게 주신 명령 앞에 그저 시작하고 또 시작하는 길을 걸어가겠다 결심했다. 막연하게 '이런 거 하면 어떨까?' 생각했던 것들은 모두 이루어지지 않았다. 강한 의지로 밀어붙이려 하지 않았기 때문이다. 하나님이 주시는 확신 없이 나의 계획으로 무언가를 완성시키려 하지 않았다. '갈 바를 알지 못한다는' 그 전제가 나의 계획을 내려놓고 하나님 앞에 유연하게 만들었다.

얼마간 시도했지만 되지 않을 때는 되지 않는 상태로 두었다. 다른 것은 어떨까?라고 알아볼 때 되지 않으면 되지 않는 상태를 받아들였다. 그렇게 1년을 보냈다. 그렇게 시간을 보내면서 한 일은 사람을 만나는 것이었다. 동네 사람들을 초대해서 식사를 대접하고, 같이 놀기도 하고, 도울 일이 있으면 가서 돕고, 축하할 일이 있으면 나서서 축하하고, 또 같이 밥 먹고, 일하고 있으면 커피 사다 주고, 슬렁슬렁 다니며 마음이 오는 사람들과 하루하루를 지냈다. '너 제주에서 뭐하니?'라고 물으면 할 말이 없었다. 카페를 차린 것도 아니고 교회를 세운 것도 아니다. 전도를 하는 것도 아니고, 행사를 하는 것도 아니었다. 그냥 누가 보면 놀고 먹고 어슬렁거리는 것처럼 살았다. 오늘 주시는 마음이 오늘 내가 해야 하는 일이었다. 아침에 눈을 떠서 '오늘은 누구를 좀 돌아봐야겠네' 싶으면 커피를 사 들고 찾아갔다. 그게 다였다. 그런데 그렇게 1년이 지난 후 사람들이 생겼다. 느슨한 공동체이지만 마음이 따뜻하고 진심으로 서로를 위하는 동네 사람들과 하나가 되었다.

때로는 왜 의구심이 들지 않았겠는가. 집회를 30여 건 정도 거절했고 왜 아무것도 하지 않느냐는 문의도 빗발쳤었다. 그러나 나는 하나님이 이끄시는 이 방식을 따르기로 결정했고 그렇게 살고 있었다. 그러는 중에도 나의 이성은 문득문득 하나님께 질문을 던졌다. '하나님, 저 뭐하고 있어요? 이거 맞아요?' 그때 하나님은 이렇게 답해 주셨다. '네가 계획하여 간 것 아니고, 네가 계획하여 있는 것 아니니… 그렇다면 이 일은 나의 계획임을 증명하는 것이란다. 넌 나에게 속해 있다.'

일련의 과정을 통해 나의 완벽주의적 성향과 계획적인 성향의 틀을 극복하고 하나님 앞에 이렇게 기도할 수 있게 되었다.

"목자를 따르는 길에 양이 플랜을 짜는 일은 없습니다.

그래서 목표나 목적이나 어디엔가 꽂을 깃발 같은 것 없이 삽니다. 나에게 제주에서의 삶이 그러합니다. 플랜을 짜지도. 의미를 덮어 씌우지도 않습니다. 이 길의 끝도, 열매도 상상하지 않습니다. 달성하려는 목표가 없으니 실패도 없습니다. 목자를 따르기로 했으니 목자가 목표입니다. 하루 그 마음의 동함에 기쁨으로 나의 시간과 체력을 낭비하는 일, 뇌와 입을 휴업하고 마음과 귀를 열고 따라갑니다. 깃발은 목자의 손에 있고 그 깃발의 이름도 그분만이 아십니다. 나는 그저 갑니다."

· 내가 아닌 하나님의 판단을 의지할 때 우리는 비로소 시작할 수 있다.

· 하나님이 이끄시는 그 길의 끝에는 반드시 선함이 있다.

· 목자를 따르는 길에 양이 플랜을 짜는 일은 없다.

JUST GO

하나님의 판단이 나의 판단을 이긴 적이 있는가?

하나님을 믿고 몸을 던져 본 경험이 있는지 생각해 보자.

PART 4.

시작이
가진 힘을
지속하는 길은?

특별한 문제가 생기지 않는 한 시작한 일을 멈추지 말라
만족도를 낮게 잡고 지속하는 데 의미를 두라
시작한 일을 일상으로 만들어라
하나님의 뜻을 듣는 일이 습관이 되게 하라
시작을 통해 열매를 거두기 시작할 때 더 이상 두려움을 느끼지 않는다

JUST GO

01

특별한 문제가
생기지 않는 한
시작한 일을 멈추지 말라

　　　　　　1만 시간의 법칙이라는 게 있다. 1만 시간을 투자한 사람은 그 분야에서 전문가가 될 수 있다는 의미인데, 그만큼 오랜 시간을 투자한 사람이 열매를 거둔다는 의미일 것이다. 중요한 건 1만 시간이든 2만 시간이든 누가 오래동안 포기하지 않고 꾸준히 하던 일을 하느냐이다.

　하나님의 인도하심을 따라 뭔가를 시작할 때 그 안에는 아주 많은 가능성이 포함되어 있다. 나도 몰랐던 나의 장점, 나의 가능성, 나의 미래, 나에게 필요한 것들… 하나님의 뜻을 순종했을 뿐인데 그 일들을 통해 내가 살아가는 방법과 사역의 장이 새롭게 열리기도 한다. 그래서 더욱 그 뜻을 지속함으로 내 안에 잠재된 가능성들을 깨우고 그것이 내 삶의 토대가 되게 해야 한다. 그 순종의 시작이 가진 힘을 오래도록 지속할 수 있도록 해야 한다. 이 지속하는 일상을 유지한다면 그 안에서 예상치 못한 내 삶의 큰 선물들을 누리는 기회를 얻을지도 모른다.

살다 보면 오래 지속하는 것의 힘이 대단하다는 걸 실제로 많이 경험한다. 그 지속하는 힘으로 때로 먹고 사는 길이 열리기도 한다. 내가 실제로 그랬는데, 그저 좋은 마음으로 시작했고 특별한 이변이 없으니 계속했던 일들이 그 지속성 덕분에 풍성한 열매를 가지고 왔던 경험이 많았다.

예를 들어, 회사의 사목으로 사역할 때 직원들이 너무 안쓰러웠다. 고군분투하며 직장생활을 하느라 아침에 잠깐 성경읽는 것도 힘들고, 큐티 내용을 요약해서 메일로 보냈지만 그것조차 읽을 여유가 없었다. 그래서 더 짧게, 아침에 하루를 시작하는 기도문을 써서 보내줬다. 그렇게 A4 반 장 정도 되는 기도문을 매일 아침 일찍 출근해서 직원들이 출근하기 전에 메일로 발송했다.

기도문은 생각보다 반응이 좋았다. 직원들이 답장을 하기도 하고 스스로 친구들에게 나눠 가며 보기도 했다. 그렇게 3년을 했던 기도문을 모아서 『하나님과 함께하는 출근길 365』라는 기도집을 출간하게 됐다.

이후 회사를 나와서는 직원들에게 기도문을 보낼 필요가 없어졌지만, 하던 일을 계속 했다. 아침마다 기도문을 썼다. 그리고 그걸 메신저로 지인들에게 조금씩 나누기 시작했다. 그런데 요청하는 지인들이 점점 늘어나고, 받은 지인들은 또 자신들의 친구들에게 나누면서 사람들이 기하급수적으로 늘어났다. 돈이 되는 일도 아니고, 교회 사역의 하나로 누가 나한테 시킨 것도 아니지만, 하던 일이니까 매일 했다. 그렇게 인원이 점점 늘어나서 어쩔 수 없이 메신저 어플리케이션을 사용해 매일 아침 기도문을 써서 올렸다. 그런데 이용자가 한 달만에 300명이 되고, 400명이 되고, 1년이 지나 5천 명이 되었다. 심지어는 동창들이 좋은 기도문이라며 나에게 메시지를 보내 왔는데 읽어 보니 내가 쓴 기도문인 적도 있었다.

그저 직장인들이 불쌍해서 시작했던 기도문 쓰기를 퇴사하고도 딱히 그만둘 이유가 없어서 계속했다. 그렇게 해서 기도문 책만 벌써 9권이 출간되었다. 몇 명을 돕기 위해 시작했고, 당시에는 좋은 일이라는 점 외에 나에게 어떤 눈에 보이는 보상이나 유익이 되지는 않았다. 현실적으로 번거로운 일이고 때로는 피곤한 일이었다. 그런데 지금은 집필하는 도서 중 가장 많은 독자들이 사랑해 주는 분야가 되었다. 내가 새가족 사역만 하는 것이 아니라 기도문을 쓰는 저자로 더 많이 알려지게 된 데는 메신저로 사람들과 기도문을 일일이 나누던 그 수고가 큰 몫을 차지했다.

모든 일이 그랬다. 2005년부터 시작한 새가족 사역을 지금도 하고 있다. 곧 20년이 되어 간다. 그런데 이렇게 오래 새가족 사역을 꾸준히 해 온 사람이 없다 보니 본의 아니게 새가족 전문가가 되었다. 한번 시작한 기도문을 해마다 꾸준히 썼더니 기도문 하면 떠오르는 대표 작가가 되었다. 2001년부터 시작했던 신우회 사역을 10년을 하고 나니 큰 회사의 사목이 될 수 있었다. 지금도 인원이 많든 적든 새가족 세미나를 하고 있고, 기도문도 여전히 해마다 다른 주제로 한 권씩 출간하고 있다.

그만둬야 하는 큰 사건이 없는 한 하던 선한 일을 지속하라. 5년이 지나고 10년이 지나면 그게 엄청난 선물로 내 인생에 다가올 것이다. 오래 지속하는 자를 따라올 사람은 없다. 그게 무엇이든 어떤 분야이든 끝까지 하는 사람이 전문가가 된다. 할 수 있는 한 지금 하고 있는 일을 계속하라. 그게 당신의 능력이 되고 경력이 될 것이다.

- 누군가에게 도움이 되는 어떤 일을 하고 있다면 계속하라.
- 지금 초라한 일도 세월이 쌓이면 위대한 일이 된다.
- 하고 있는 일을 제일 오래 지속하는 사람이 전문가가 된다.

JUST GO

하다가 그만둔 선한 일이 있는가?
작은 일이라 하더라도
꾸준히 지속하고 있는
일이 있는가?

02

만족도를 낮게 잡고
지속하는 데
의미를 두라

지속하기 위해서 중요한 점은 내가 할 수 있는 만큼의 크기여야 한다는 것이다. 너무 큰 목표를 가지고 너무 빨리 무언가를 얻으려고 하지 말아야 한다. 일단 마음을 비워라. '내가 이걸로 유명해질 거야', '이걸로 수입을 얻을 거야'라는 마음을 먹지 말아야 한다. 그러면 지속할 수 없다. 그게 바로 사심이다.

나는 이 일을 얼마나 지속하고 얼마나 잘 해낼 수 있을지 검증되지 않았다. 그저 내게 기회가 주어져서 시작했을 뿐이다. 그저 한 사람이라도 도움이 될 거 같아서 시작한 것이다. 하나님이 하기 원하셔서 시작했다. 그게 다이다. 그 마음으로 지속해야 한다.

 2018년도에 나는 유튜브를 시작했다. 회사를 퇴사하고 내 삶을 리셋하고 싶었다. 건강 관리 등 이제 무엇을 해야 할지, 무엇을 하고 싶은지 기도하던 중에 유튜브를 해야겠다는 마음이 생겼다. 동기는 간단했다. 당시 젊은 세대들이 좋아하는 것을 이해하고 싶었고, 그들과 소통하는 방식을 경험하고 싶었다. 그러던 어느 날 친구 목사님들과의 만남에서 한 목사님이 자기도 유튜브를 시작하려고 한다며 이러저러한 장비들의 장단점을 알려주고 추천도 해 주었다. 그러면서 더 필요한 몇 개의 장비를 알아보고 있다며 비슷한 때에 같이 시작하겠다며 웃음을 나누었다.
 하지만 나는 장비가 없었고, 장비를 살 생각도 없었다. 돈도 없고 다룰 줄도 몰랐다. 그냥 생활용품점에서 핸드폰 거치대를 하나 사서 바로 시작했다. 영상 제작도 내가 하고, 썸네일도 며칠을 공부해 어설프기 그지없지만 내가 했다. 편집을 잘 할 수 없으니 한 번에 찍어서 앞뒤만 잘라 올렸다. 그렇게 그냥 시작했다! 내가 시작한 지 1년이 지나도 그 친구 목사는 유튜브를 시작하지 않았고, 몇 년이 지나도 시작하지 못했다.

시작하려면, 그리고 지속하려면 기준을 낮춰야 한다. 만족도를 낮게 잡고 지속 가능한 것에 집중해야 한다. 처음 시작하면서 나는 기준을 5년으로 잡았었다. 그만큼은 끌고 가 보자는 마음으로 시작했다. 물론 지금 봐도 참 한없이 부족한 영상들이지만, 내가 올린 새가족부에 대한 정보를 보고 사람들이 공부도 하고 집회 문의를 해 오기 시작했다. 전혀 의도하지 않은 반응이었다. 그리고 매일 올린 기도문을 보면서 하루를 여는 사람들이 많아졌다. 그냥 그거면 됐다는 생각으로 지속한다. 만족도를 낮추고 실천하는 지속성을 높이는 것이, 최선을 다해 만족도를 높이고 지속성을 떨어뜨리는 것보다 훨씬 낫다.

높은 목표를 갖지 말라. 완벽한 것을 추구하지 말라. 그러면 지속할 수 없고 지속할 수 없으면 그것을 통해 열매를 거두기 어렵다.

당신이 하고 있는 의미 있는 일들이 아주 대단한 것이 아니어도 좋다. 일상을 살면서 유지할 수 있는 것들이라면 그대로 유지해라. 그리고 그게 자랄 수 있는 충분한 시간을 주어라. 지금은 인플루언서이자 강연가가 되었지만, 큰 아들이 아무 특별한 직업 없이 이런저런 일들을 시도할 때 내가 늘 반복해서 해 주던 이야기다. '어느 구름에 비 올지 모르니까 네가 할 수 있는 여러 일들에 씨를 뿌려 봐. 그 뿌린 씨들 중에 싹이 나면 그것을 지속해 봐. 그래야 네가 가장 잘할 수 있는 일을 발견할 거야.' 정말 어느 구름에 비가 올지 몰랐던 이런 저런 창업들을 시도하던 중 너무도 우연히 어떤 SNS를 통해 비가 왔다. 그리고 강연을 다니고 책을 쓰고 그동안 쌓았던 자신의 재능이 연합을 이루어 그 분야에서 싹을 틔우고 열매를 거두고 있다.

이것이 사과나무인지, 배나무인지 가장 확실히 아는 방법은 열매를 맺을 때까지 키워 보는 것이다. 그보다 더 확실한 방법은 없다. 지속하는 일은 시작하는 힘이 가진 모든 가능성을 열어주는 제일 좋은 길이다.

- 사심을 버리고 마음에 오는 선한 일을 하라.
- 거창한 준비는 시작을 막는 첩경이 된다. 조촐히 시작하라.
- 딱 한 사람에게 도움이 되는 것에 만족하라.
- 할 수 있는 다양한 일을 시도하라. 어느 구름에 비 올지 모른다.

JUST GO

칭찬, 수입, 유명세 등의
사심을 버리는 일이 가능한가?

잘 준비하려다가 시작도 못했던
것이 있는가?

03

시작한 일을
일상으로
만들어라

시작한 일을 가장 쉽게 지속하려면 그 일들이 나의 일상생활 속에 스며들어야 한다. 시작한 일을 지속하는 것을 당연한 일로 받아들이고 귀찮다고 여기지 말아야 한다. 그 일이 좋은 의도와 하나님의 인도하심 가운데 시작한 일이라면 당장 그 모습이 초라하고 아무것도 아닌 것 같아도 그것을 일상 속에 넣어 버려라.

첫 책이 나오고 그 결과를 알기까지는 거의 1년이 걸렸다. 모든 책은 그 책의 반응이 어떤지 알기까지 최소 2개월 정도는 걸린다. 그리고 초반에 반응이 있다고 해서 그 책이 다음 달에도 잘 나가리라는 보장은 어디에도 없다. 결국 우리는 결과를 알지 못한 채 모든 일을 지속해야 한다. 땅 밑에서 싹이 자라나고 있는데 어떤 싹들은 아주 오래 걸려 땅 위로 머리를 내미는 경우가 있다. 그래서 결과에 대한 환상을 버리라는 것이다. 결과에 대한 기대감에 가득 차서는 어떤 일도 지속하기 힘들다. 지속하는 힘은 무던함과 성실함에 더 무게가 있다. 내가 할 수 있는 일이니 오늘도 그 일을 한다는 마음으로 하는 것이다.

첫 책을 당차게 출판사와 싸워 가면서 출간했지만, 그렇다고 내가 글을 잘 쓴다거나 하나님이 나를 저자로 자리 잡게 해 주시겠다는 약속을 받은 게 아니었다. 다만 그 책이 복음에 대한 설명이었고, 또 첫 책은 정말 내 의지로 쓰려고 해서 쓴 것이 아니니 하나님이 원하시는 것이라 믿었다. 내 마음에 자랑스러워서가 아니다. 책이 출간되고 3개월 동안 나는 내 책을 들여다 보지도 않았다. 마음이 들지 않는 부분도 있고 나의 의도와 다르게 편집된 것 같아 속상한 부분도 있었다. 그러나 첫 책을 쓰고 나서도 글 쓰기를 멈추지 않았다. 주변 사람들은 당시 나의 어려운 형편을 잘 알았기 때문에 책을 쓴다고 할 때 대부분 만류했다. 돈도 되지 않고 시간만 들고 힘들 테니 책은 쓰지 말고 강의를 하라고 했다. 책으로 나오는 인세가 가세에 도움이 된 건 거의 10년 가까이 되었을 때였다. 그러니 그들의 말이 맞았다. 하지만 나는 지금의 인세를 보고 책을 쓴 것이 아니었다. 일단 시작했으니 큰 이변이 없는 한 계속하자는 마음이었다. 굳이 안 할 이유가 없었다. 출판사에서 내주기만 한다면 감사했고, 지금의 출판사가 거절한다면 써 놓았다가 언젠가 다른 출판사에 제안해 봐도 된다는 마음이었다.

매일 한 줄이라도 쓰자는 마음으로 책상에 앉았다. 카페에 갈 때면 노트북 없이 간 적이 없었다. 노트북을 열면 무조건 어떤 글이든 썼다. 그리고 첫 책을 출간하면서부터 하나님께 간절히 기도했다. 필력을 달라고, 그리고 내 글을 읽는 독자들이 글을 읽으며 성령의 감동을 느끼게 해 달라고 기도했다. 그리고 그 기도는 지금까지 멈추지 않고 있다. 그 기도도 멈출 이유가 없으니 말이다.

글을 쓰기 시작하면서 글 쓰기가 일상이 되게 만들었다. 자다가도 뭔가 떠오르면 일어나 핸드폰에 그 문장을 써 놓았다. 카페에 앉아 매일 기도문 한 편씩이라도 썼다. 이도저도 안되면 잡다한 단상이라도 써 놓았다. 그런데 나중에 그 문장들을 열어보면 이걸 내가 썼나 할 정도로 울컥한 문장들이 있었다.

운동을 시작했는가? 기도를 시작했는가? 운전 연습을 시작했는가? 시작했다면 멈추지 말고 나의 일상으로 만들어 버려라. 주차장에서 멀리 주차하고, 조금 더 걸어가고, 계단이 있으면 계단으로 올라가면서 운동을 일상으로 하라. 기도를 시작했다면 눈을 뜨고 기도해 보라. 설거지하면서 기도하고, 빨래하면서 기도하고, 직장에서 커피 마실 때 기도하고, 사람을 바라보고 그 사람을 축복하며 기도하라. 그리고 그 일을 멈추지 말고 일상으로 만들어 버려라.

그러면 어느 날 그 구름에서 비가 내릴 것이다. 내가 예상하지 못한 단비가 내려 그게 나의 실력이 되고 나의 삶이 되고 나의 경력이 되어 내 삶을 풍성하게 할 것이다. 지금 그 하나는 매우 초라하다. 누가 봐 주지도 않고, 알아주지도 않고, 때론 무시당할 수도 있다. 그러나 그걸 지속해서 자기 것이 된 사람을 무시하는 사람은 없다. 하나님이 시작하게 하신 일을 멈추지 말고 당연한 나의 일상으로 만들라. 그 일들이 나의 삶을 새롭게 풍성하게 할 것이다.

- 새롭게 시작한 일을 루틴으로 만들어 일상화하라.
- 지속되지 않는 새 일은 금세 사그라든다.
- 지속함은 나와의 싸움이다.
여기서 이기면 반드시 열매를 거둘 것이다.

JUST GO

시작해서 지속하고 있는
좋은 습관이 있는가?

04

하나님의 뜻을
듣는 일이
습관이 되게 하라

　　　　　　무엇을 시작해야 할까? 아무거나 닥치는 대로 하면 될까? 남들이 좋다고 하는 거면 다 되는 걸까? 아니다. 나는 나다. 나에게 유익한 게 있고 다른 사람에게 유익한 것이 있다. 그리고 모든 것은 때가 있다. 다른 사람의 때가 있고 나의 때가 있다. 하나님은 각자마다의 인생을 그 흐름에 따라 인도하신다. 그들이 처한 상황에 따라 그에 맞게 인도하신다.

우리는 하나님의 형상을 가지고 태어났다. 하나님이 그렇게 만드셨다. 그저 말씀으로 명령하여 만든 동물이나 다른 피조물과는 다르다. 우리 안에는 하나님과 소통할 수 있는 DNA가 있다는 것이다. 우리가 하나님을 찾을 때 하나님은 우리를 만나 주신다. 그리고 우리에게 하나님의 뜻을 알게 하신다. 그러니 만약 이 하나님이 나와 소통하신다는 사실을 믿는다면 우리는 훨씬 더 친밀하게 하나님과 교제를 나눌 수 있게 될 것이다.

하나님의 뜻을 듣는 일이 습관이 되게 하라. 사람을 만날 때 '하나님이 오늘 이 사람과 어떤 대화를 나누기 원하시나요?'라고 물으라. 내가 일을 할 때 '하나님 오늘 내가 어떤 일을 하기 원하시나요? 하나님 오늘 함께 일하는 동료들을 어떤 마음으로 대하기 원하시나요?'라고 묻는다면 우리는 마음 속에 주시는 답을 들을 수 있을 것이다. 때로는 위로하라고 하시고, 때로는 따뜻하게 잘 대해 주라고 하실 것이다. 누군가를 만날 때 그냥 잘해 주고 싶은 마음이 든다면 그것 또한 하나님이 나에게 알게 하신 그분의 뜻일 것이다. 그렇게 크고 작은 모든 일에 하나님의 뜻을 듣기 위해 애쓴다면, 그리고 그것이 습관이 된다면 내가 무슨 일을 해야 할지 무엇을 시작해야 할지, 우리는 예전보다 훨씬 더 긴밀하게 알게 될 것이다. 이런 들음과 실천이 빈번해지면 우리는 그 열매를 언젠가는 맛보게 된다. 그리고 그 열매를 보는 순간 그때 그것이 하나님의 뜻이었음을 다시 깨닫게 된다.

몇 년만에 전화 온 사람이 '너 나 몰라?' 하고 묻는다면 그 목소리를 누가 잘 알아들을 수 있겠는가. 매일 통화하는 친구라면 '여보세요'라는 한 마디에도 누군지 분명하게 알아들을 수 있다. 하나님과의 소통도 마찬가지이다. 매일 하나님을 묵상하고 친밀하게 대화하는 생활을 한다면 우리는 어떤 것이 하나님의 음성인지를 더 확실하게 알아들을 수 있을 것이다.

묻고, 듣고, 시작하라. 매일 수만 가지의 선택 앞에서 물으라. 그리고 들으라. 어느 쪽이 하나님이 원하시는 방향인지 알려주실 것이다. 혹시 듣지 못한다 하더라도 그 묻는 마음으로, 기도하는 마음으로 실천하라. 그 시작 가운데 하나님이 길을 인도하실 것이다.

우리는 하나님의 뜻을 몰라서 안 한다고 하지만 사실 핑계이다. 선명하게 알 수 있는 많은 것들이 우리의 하루 앞에 놓여 있다. 몰라서 안 하는 게 아니라 안 해서 모른다고 하는 것일 수도 있다. 안 하니까 모르고 싶은 것이다. 나를 조금 더 정직하게 들여다보고 하나님께 묻고 듣는 것이 나의 일상이 되는 축복을 누려 보자. 구하는 자에게 주시고, 두드리는 자에게 열어주시고, 찾는 자에게 찾게 하시는 하나님의 약속을 믿자.

묻고, 듣고, 시작하는 일이 일상이 되면 우리는 지속하려고 노력하지 않아도 내가 시작한 착한 일을 멈출 수 없게 된다. 그리고 그게 나의 삶의 지평을 키워 줄 것이다.

- 하나님께 묻는 것이 습관이 되게 하라.
- 묻고, 듣고, 시작하라. 이 삶이 일상이 되게 하라.
- 지속하는 일은 하나님과 동행할 때 가장 쉬워진다.

JUST GO

하나님께 묻는 기도를
해 본 적이 있는가?

내가 어떤 일을 지속할 때
무엇이 원동력이 되는가?

05

시작을 통해 열매를
거두기 시작할 때
더 이상 두려움을 느끼지 않는다

결과에 대한 환상을 가지지 말라는 말은 결과가 없을 것이라는 의미가 아니다. 결과는 있다. 반드시 있다. 그러나 내가 바라는 방식대로, 내가 바라는 시간에 이루어지는 것은 아니라는 의미이다.

성경은 인간인 부모도 좋은 것을 자식에게 주려 하는데 하물며 하나님이 나쁜 것을 주시겠느냐고 말한다. 그리고 성령을 주신다고 약속하셨다. 이건 구하는 몇 가지의 응답만이 아니라 하나님 자체를 주신다는 말이다. 하나님이 선물이 되어 나에게 오신다는 것이다. 이보다 더 큰 선물이 어디 있을까? 하나님이 나에게 오셔서 내 안에 거하시고, 내가 그분 안에 거할 때 변화되는 것이 있다. 내 기도 응답이 내 원함대로 오지 않고 하나님의 원함대로 온다는 것이다. 나는 돈을 구했는데 사랑이 오기도 하고, 나는 건강을 원했는데 하나님을 경험하기도 한다.

내가 바랐던 게 아닌 다른 것이 왔을 때 우리는 잘못 왔다고 여기거나 하나님이 나를 거절했다고 생각한다. 그래서 하나님께 억하심정을 갖기도 하고 내 기도를 듣지 않는 분이라고 투정을 부리기도 한다. 그런데 잘 생각해 보면 위의 약속하신 말씀 그대로 우리에게 역사하고 계신 것이다. 더 좋은 것, 내가 노력해서 얻을 수 없는 것, 내가 지금 원하는 것보다 어쩌면 지금 당장 나에게 더 필요한 것을 공급하신 것이다. 즉 알아서 좋은 걸로 주신다는 의미이다.

믿음이란 이 하나님의 일하심을 믿고 감사하는 것이다. 하나님이 나에게 '이게 더 좋아'라고 하신다면 그게 더 좋은 것이다. 아이는 자기 전에 초콜릿을 달라고 하지만 엄마는 칫솔을 준다. 아이가 원한 것을 가진 이후에 어떻게 될지 아는 엄마는 아이의 일평생에 더 좋은 것을 준다. 내가 원하는 걸 주지 않는 엄마가 밉지만 그 원망을 들으면서도 엄마는 양보하지 않는다.

이렇게 역사하시는 하나님의 일하심을 받아들이고 그것의

열매를 한번 경험한다면 우리는 이제 납득되지 않는 하나님의 명령 앞에 지속적인 순종의 자세를 가질 수 있게 된다. 나에게 진짜 좋은 게 무엇인지를 알기 때문이다.

어느 교회에서 사역할 때 나는 전임사역자가 아니었다. 그러다 보니 생계를 이어가기 위해서 여러 가지 일을 해야 했다. 주중에는 4-5군데 회사를 돌며 신우회 예배를 드렸고, 신학대학원에서 강의를 했다. 간간이 책도 쓰고 할 수 있는 건 닥치는 대로 했다. 그렇게 네 가지 정도의 일을 마치 네 개의 공을 저글링 하는 것처럼 수년 동안 하고 있을 때 문득 너무 피곤하다는 생각이 들었다. 그래서 하나님께 기도했다. '하나님 저도 다른 목사들처럼 한 가지 일만 하고 살고 싶습니다. 너무 복잡합니다. 그냥 심플하게 목회만 하고 살게 해 주세요'라고 3년을 기도했는데 전혀 반응이 없으셨다. 내 직업은 하나도 줄어들지 않고 여전히 네 종류의 일을 벌이며 살았다. 3년을 기도하다가 이 기도가 하나님께 받아들여지지 않는 것 같다는 마음이 들어 기도를 멈췄다. 그리고 그 삶을 내 것으로 받아들였다.

그렇게 20여 년의 시간이 지났다. 4-5개의 직업을 저글링한 세월이 10년이 넘어서면서 어느새 그것이 경력이 되었다.

신우회 10년 덕분에 사목이 될 수 있었고, 해마다 책을 쓴 덕에 경력있는 저자로 자리 잡았다. 대학은 아니지만 교회에 집회를 다니며 강의와 세미나를 하고 있다. 투 잡, 쓰리 잡을 하는 시대로 바뀌면서 나는 시대를 앞서간 사람처럼 여전히 여러 가지 일을 저글링 하며 산다. 그리고 이제는 이런 여러 종류의 일들이 나를 얼마나 자유롭게 하는지 알고 있다. 나에게 딱 맞는 라이프 스타일이라는 것을 아주 뒤에 알게 되었는데, 역시 하나님이 나를 더 잘 아셨다.

이런 경험을 하면 하나님의 뜻 앞에 부복하게 된다. 나의 지혜를 넘어서는 지혜, 나의 뜻을 넘어서는 거룩한 하나님의 뜻, 나의 생각을 넘어서는 나의 미래를 주도하시는 하나님의 뜻 앞에 무조건 엎드려 순종하게 된다.

열매를 맛볼 때까지 지속하라. 당신의 시작한 그 일을 하나님이 그만하라고 할 때까지 멈추지 말아라. 그리고 어느 날 땅밑에서 자라나 싹을 틔우고 줄기가 자라고 꽃이 피고 열매가 맺어지는 경험을 해 보라. 그때 나의 삶에 직접 일하시는 하나님을 만나고 그분을 찬양하게 될 것이다.

- 하나님이 주시는 가장 큰 선물은 하나님 자체이다.
- 나는 원하는 것을 기도하지만, 하나님은 필요한 것을 공급하신다.
- 하나님이 주신 내 삶에는 반드시 거룩한 뜻이 있다.
- 미래를 주도하시는 하나님께 나의 길을 맡기는 것이 가장 지혜로운 길이다.

JUST GO

요즘 하나님과 당신과의
사이는 어떤가?

하나님이 주신 응답이
마음에 들지 않을 때
어떻게 반응하는가?

PART 5.

하나님의 뜻을 어떻게 알 수 있는가?

하나님의 뜻은 성경에 가득하다
주변의 성숙한 사람들을 통해서 말씀하신다
내 고집을 내려놓고 기도할 때 말씀하신다
내 생각과 전혀 다른 생각을 주신다
상황 속의 필요를 보여주신다

JUST GO

01

하나님의 뜻은
성경에
가득하다

　　　　　　　하나님은 그분의 뜻을 이미 성경에 다 기록해 놓으셨다. 어디 따로 물으러 다닐 필요도 없다. 성경 안에 있는 하나님의 뜻을 실천하기 시작하기만 해도 우리는 시간이 모자랄 판이다. 그러니 '나는 기도해도 응답이 없어요', '나는 전혀 모르겠어요'라며 핑계 대지 말자. 우리가 매주 듣는 설교를 통해서도 하나님은 우리에게 선명한 하나님의 뜻을 전달하시기 때문이다. 일주일 동안 실천하기만 해도 우리는 훨씬 발전적이고 역동적인 신앙생활을 할 수 있을 것이다. 그러니 성경을 읽어라. 성경 속에 하나님의 답이 모두 들어 있다.

그러나 우리의 난제는, 일상 생활에서 닥치는 선택의 기로에서 어떤 것을 선택할 것인가 고민할 때 성경에서 답을 찾을 수 없다는 데 있다. 성경에 답이 다 있다고 하지만, 그 답들은 막연할 때가 많다. 내 생활에 적용하기에는 너무 원론적이다. 그럴 때 어떻게 해야 할까?

성경을 통해 우리가 얻을 수 있는 가장 큰 지혜는 각론보다는 총론에 가깝다. 가지보다는 줄기와 뿌리에 가깝고 케이스 스터디 보다는 원칙에 가까운 통찰력을 준다. 성경은 사실 문제 해결을 위해 우리에게 주신 책이 아니다. 하나님이 우리를 얼마나 사랑하셨는지, 그래서 인간이 지은 죄를 해결하기 위해 독자 예수 그리스도를 십자가에 죽게 하셨음을 알게 하시기 위함이다. 지옥에 갈 수 밖에 없는 인간을 다시 하나님과 완벽한 회복의 관계로, 영원히 살 수 있는 천국으로 초대하고 계심을 알게 하려는 것이 일차적인 목적이다.

구원! 인간이 잃어버린 생명을 다시 얻고 살게 하시려는 간절함이 담긴 책이 바로 성경이다. 그러니 그 성경은 우리 문제의 해답서가 아니다. 하지만 그 안에는 하나님의 성품이 온전히 담겨 있다. 그래서 하나님이 어떤 것을 기뻐하시는지를 알 수 있다. 그 내용을 통해서 우리는 어떤 선택을 하면서 살아야 할지 알 수 있는 것이다. 고아와 과부를 사랑하시고 약한 자를 돌보시며 미움보다 용서를, 억압보다 자유케 하시는 하나님의 마음을 읽어 낼 수 있다.

그러나 실천은 어려운 부분인데, 우리는 본성이 이기적이고 자기중심적이라 성경의 말씀대로 사는 일이 쉽지 않다. 그래서 사랑이신 하나님이 내 안에서 도우실 때 이 모든 것들이 가능하게 되는 것이다. 내가 사는 것이 아니라 내 안에 계신 주님이 살아내시는 삶 말이다. 문제의 답은 없지만, 문제를 해결하실 능력이 있는 분이 우리 안에 있다. 이 점을 이해해야 한다. 진심으로 하나님의 뜻에 순종하는 삶을 가능하게 하려면 우리는 무엇보다 뜨겁게 하나님을 사랑해야 한다. 그래야 가능해지는 일이다.

오래전 어떤 남편이 쓴 이런 글을 보았다. '나는 싱크대에 마시던 컵을 놓았다가 이혼 당했다.' 이 글만 보면 남편이 억울하고, 아내가 너무 심했다는 생각이 먼저 들 것이다. 하지만 한 번만 더 생각해 보면 얼마나 매번 부탁을 거절했으면 아내가 저렇게 했을까 하는 추측을 할 수 있다. 남편들의 입장에서 아내의 기준을 맞추는 일은 얼마나 어려운 일일까 싶다. 세탁물을 바르게 놓는 것에서, 음식 먹을 때, 뭔가를 흘렸을 때, 집안일을 할 때 등등 트집을 잡고자 하면 한도 끝도 없다. 도대체 어떻게 해야 그 모든 요구를 맞출 수 있을까? 답은 간단하다. 아내를 뜨겁게 사랑하면 가능하다. 사랑하면 돕고 싶은 마음이 간절하고, 아내의 심정을 이해하고 싶어질 것이다. 모든 상황에 '내가 이렇게 하면 아내가 힘들겠구나…'라는 생각을 적용해 보면 여러 가지가 자연스럽게 고쳐진다. 물론 실수할 수도 있겠지만, 아내는 남편이 자신을 얼마나 사랑하는지 알기 때문에 그 몇 가지 실수 때문에 화가 나지는 않을 것이다.

이게 바로 총론이다. 각각의 항목을 가지고 '이거 하지 말라, 저거 하지 말라'고 나열해서 각서를 받고 원칙을 정한다면 수만 가지의 각론이 있을 것이다. 그러나 아내를 뜨겁게 사랑함으로 모든 각론을 이해할 수 있게 되는 것처럼 '주 너의 하나님을 사랑하라'라는 총론에 철저히 몰입하면 된다. 수만 가지의 각론이 없어도 하나님을 기쁘시게 하고 싶은 마음에 기민하게, 그분의 뜻을 살피고 기쁨으로 그 일들을 실천하게 된다.

하나님을 사랑하라. 그럼 하나님의 뜻이 보일 것이다. 그리고 이미 보여주신 성경을 읽으라. 하나님이 어떤 분이신지, 무엇을 기뻐하시는지 그분의 뜻이 가득 담겨 있다.

- 하나님의 뜻은 성경에 가득하다. 그것만 실천해도 끝이 없다.
- 하나님을 뜨겁게 사랑하는 길이 하나님을 가장 잘 이해하는 길이다.
- 하나님을 사랑하면 인생이 즐거워진다.

JUST GO

성경을 읽고 알아야 한다는
생각을 해 본 적이 있는가?

당신은 하나님을 사랑하는가?

02

주변의
성숙한 사람들을 통해서
말씀하신다

 신앙생활을 하다 보면 가끔 상담을 하거나 조언을 필요로 하는 상황이 벌어진다. 그건 목사들도 마찬가지이다. 하나님은 사람이 홀로 살기를 원치 않으신다. 여러 사람과 서로의 장단점을 나누며 함께 어우러져 사는 것을 기뻐하신다.
 종종 하나님의 뜻을 따뜻한 조언을 통해 전달해 주는 사람들이 있다. 그들이 무슨 계시를 받거나 신령해서가 아니라 그들과 대화를 나누다가 정말 하나님의 음성처럼 마음에 새겨지는 부분을 느끼는 것이다. 그리고 하나님께서 그들을 통해 나에게 말씀하고 계심이 새겨지는 순간들이 있다. 때로는 지친 나에게 주시는 위로의 말이기도 하고, 길을 잃은 나에게 전혀 생각하지 못한 한 줄기 빛과 같은 조언이기도 하다. 이런 조언들은 그들의 삶이 균형 잡혀 있고 하나님과의 관계가 친밀할수록 더 자주 경험하기도 한다.

내가 보지 못하는 시선을 가진 성숙한 사람들을 가까이 하라. 하나님은 다양한 방법으로 말씀하신다. 당연히 기록된 성경이 제일 정확한 하나님의 말씀이지만, 때로는 환경적인 인도를 통해 나를 이끄시기도 한다.

그러나 잘 알다시피 요나가 다시스로 가는 배를 순조롭게 만났다고 해서 그게 하나님의 뜻은 아니었던 것처럼, 환경적인 순탄함만으로 하나님의 뜻을 가늠하는 것은 위험하다. 요나에게는 하나님으로부터 도망가는 데 그 환경이 도움이 되었다. 그래서 하나님의 뜻을 분별하는 것은 다각도의 검증이 필요하다. 내가 받은 이 감동이 성경적으로 하나님의 성품에 맞는 것인지, 다른 사람에게 피해가 가는 일은 아닌지, 나의 원함을 꾸며서 생각한 것은 아닌지, 내 주관적인 고집으로 만들어진 것은 아닌지를 돌아봐야 한다.

신앙의 선배나 우연히 만나 깊은 대화를 나누게 된 친구나 그 대화 가운데 나에게 깊은 감동을 주는 마음을 놓고 기도할 필요가 있다. 이런 과정은 지극히 상식적인 것이다. 그러나 때로는 미국행을 놓고 고민할 때, 수업 도중 잘 알지도 못하는 학생의 말을 통해 들은 것처럼 특별한 방법으로 말씀하실 때도 있다. 아마도 내가 진지하게 기도하면서도 이성적으로 강하게 거부했기 때문이라고 생각된다.

회사에 사목으로 있을 때 회사에 장례가 나서 회사장으로 장례식 전체를 집례한 적이 있었다. 그 이후 그 가족들이 장례를 통해 큰 은혜를 받으면서 내게 교회를 개척하자는 제의를 해 왔다. 나는 이미 개척교회를 10년 가까이 사역한 경험이 있고 그 과정에서 몸도 마음도 너무 큰 상처를 받았기에 다시는 개척을 하지 않겠다고 마음먹었었다. 그래서 제안을 받고 바로 거절했다. 그 이후에도 여러 차례 포기하지 않고 제안을 해 왔지만 나는 일말의 여지도 없이 거절했고 그 과정에서 한 달이 넘는 시간이 지나갔다.

그러던 어느날 임원 중 한 분이 만나자고 연락이 왔다. 그분은 나와 마주 앉자마자 "목사님 개척하세요?"라고 물었다. 나는 깜짝 놀라며, "아니요"라고 답했다. 속으로 '어떻게 알았지? 누가 말했나?' 싶었지만 시치미를 뚝 떼고 나의 강한 거부 의사를 밝혔다. 그러자 그분이 "어젯밤에 기도하는데 목사님이 개척하면 저더러 도우래요"라며 자신이 받은 응답을 전했다. 그 순간 내 안에 깊은 탄식이 나왔다. 그리고 "감사합니다. 만약에 제가 개척을 하게 된다면 다시 말씀드리겠습니다." 하고 그 방을 나왔다. 그리고 답답한 마음으로 있는데 그다음 날 한 팀장님이 내 방에 들어왔다. 그러더니 떨리는 목소리로 "목사님, 하나님이 개척하시래요." 하는 게 아닌가? 왜 그런 소리를 하냐고 물으니 그 팀장님은 내가 회사에 들어올 때부터 그런 마음이 들었고, 이제는 이야기를 해야겠다는 생각이 들어 꺼낸 게 오늘이라는 거였다. 항복했다. 그리고 나는 바로 회사 카페에서 첫 예배를 드렸다.

지금 돌아보니 미국은 납득할 수 없어서 고민했고, 개척은 하기 싫어서 거부했던 때였다.

하나님은 하나님의 뜻을 다양한 통로를 통해서 알려주신다. 내 주변의 좋은 사람들을 통해 조언을 받기도 하고, 이처럼 특별히 사용하셔서 말씀하시기도 한다. 그러니 성숙한 신앙의 사람들을 가까이 하라.

- 하나님을 사랑하는 성숙한 사람들을 통해 말씀하신다.
- 하나님은 다양한 방법으로 그분의 뜻을 알게 하신다.
- 순조롭다고 다 하나님의 뜻은 아니다. 주의가 필요하다.

JUST GO

주변에 성숙한
하나님의 사람들이 있는가?

어느 순간 나의 마음에 쿵! 하고
와닿았던 음성이 있었는가?

03

내 고집을
내려놓고 기도할 때
말씀하신다

하나님의 뜻을 알기 원한다면 기도할 때 기본적인 전제가 바뀌어야 한다. 이거 사 주세요, 저거 사 주세요, 왜 나한테는 이러세요? 더 잘해 주세요, 많이 주세요, 하고 매달리는 자녀가 있다면 그 자녀와 무슨 이야기를 나눌 수 있을까? 자신이 나의 필요, 혹은 나의 불만, 나의 요청, 나의 바람, 나의 문제, 나의 걱정 등에 집중된 기도를 한다면 기도 패턴을 바꿀 필요가 있다.

내 둘째 아들은 전화 통화를 하거나 식사를 하거나, 저녁이 되어 대화를 나눌 기회가 있으면 항상 '엄마, 오늘은 어땠어?'

하고 묻는다. 자신의 이야기만 쏟아 놓는 게 아니라 내가 어떤 하루를 살았는지 물어 보는 것이 참 좋다. 그래서 둘째 아들과 대화할 때면 나는 별의별 이야기를 다 하고는 했다. 좋았던 일, 속상했던 일, 내가 가지고 있는 소망, 나의 생각 등. 그래서 둘째는 언제나 나의 근황을 잘 알고 있다. 뭘 원하는지, 뭐가 필요한지에 대해 잘 이해하고 있어서 선물을 줄 때나 뭔가를 해 주고 싶을 때, 둘째 아들은 나의 필요를 잘 채워 주고는 한다.

하나님과의 관계에서도 마찬가지다. 하나님께 기도할 때 그저 나의 필요한 것만 간구하느라 모든 시간을 쏟지 말고, 하나님의 필요, 하나님의 마음, 하나님의 기쁨, 하나님의 소망이 무엇인지 관심을 가져야 한다. '하나님은 내가 어떻게 하기 원하세요?', '하나님은 어떻게 하면 기쁘세요?', '이 일에 대한 하나님의 마음은 어떠세요?'라는 질문과 묵상이 기도 안에 들어가야 한다. 그래야 하나님의 뜻에 접근할 수 있는 것이다.

또한 기도할 때 내가 가지고 있는 고정관념과 고집을 내려 놓아야 한다. 내 기준에서의 옳고 그름과 내 기준에서의 시간과, 내 기준에서의 주실 것과 안 주실 것을 담고 있으면 안 된다. 우리는 온전한 선악을 구분할 줄 모르며 하나님의 높은 뜻에 도달할 수 없는 아주 낮은 수준의 생각을 가지고 있다는 것을 인정해야 한다.

그래서 나는 기도할 때 아무것도 전제하지 않고 0의 생각을 가지고 하나님 앞에 나아가라고 조언한다. 나의 어떤 선입견과 이 일에 대한 좋고 나쁨 없이 접근해야 하나님의 온전한 뜻을 마음으로 들을 수 있는 것이다.

그 이외의 것들은 가능한 한 선입견 없이 기도하려고 노력한다. 하나님이 말씀하시기에 가장 좋은 환경을 만드는 것이다. 내 마음에 깊은 확신이 들 때, 그리고 그것이 내 생각에서 나온 것이 아니라는 검증이 될 때 나는 하나님의 뜻이라고 믿는다.

가장 조심해야 할 것은 내가 원하는 대로 꾸며서 응답을 받는 것이다. 청년들은 자기가 좋아하는 사람을 하나님이 자신에게 배우자로 주시는 '응답을 받았다'라고 말한다. 기도하다가 감동이 몰려오고 내면에 확신이 가득할 때 우리는 하나님의 뜻이라고 굳게 믿는다. 그런데 내가 집착하는 무언가가 있을 때, 내가 간절히 원하는 바가 있을 때 그 마음을 그대로 가지고 하나님의 대답을 들으려고 하면 오류가 생긴다. 자신의 간절한 바람을 투영해서 하나님의 응답이라고 스스로를 속이는 것이다. 때문에 내 마음의 중심을 다 내려놓고 0의 마음으로 기도해야 한다. '내가 원하는 것의 반대되는 응답이 와도 무조건 순종하겠습니다'라는 진심 어린 마음이 있어야 올바른 응답을 받을 수 있다.

정말 하나님의 뜻을 알고 싶고 순종하고 싶다면, 먼저 내가 가진 마음을 모두 내려놓아라. 그리고 정말 0의 상태가 되었다고 생각할 때 하나님께 물으라. 하나님의 뜻을 물을 때는 순종할 마음이 진심으로 있을 때여야 한다. 하나님은 우리의 중심을 아신다. 따를 마음도 없으면서 이것도 묻고 저것도 묻고 하나님을 떠본다면 하나님의 응답이 올 리 만무하다. 전심으로 하나님이 원하시는 바를 행하고 싶을 때 물으라. 하나님께서 아버지의 뜻을 분명 나에게 알게 하실 것이다.

올바로 묻고 올바로 행하라. 내가 원하는 대로 꾸며 듣지 말아라. 순종할 마음이 없다면 들리지 않을 것이다. 하나님 앞에 내 고집과 생각과 판단을 내려놓고 아버지의 보좌 앞에 나아가는 기도의 훈련을 한다면 더 하나님을 많이 알게 되고 더 뜨겁게 하나님을 사랑하게 될 것이다.

· 기도할 때 나의 필요가 아니라 하나님의 필요에 집중하라.

· 나의 선입견과 고집을 다 내려놓고 기도하라.

· 진심으로 무엇이든 순종할 마음을 가지고 물으라.

· 올바로 묻고 올바로 행하라.

JUST GO

나의 바람을 모두 내려놓고
순전히 구한 적이 있는가?

하나님의 뜻을 물을 때
그 답에 진심으로 순종하겠다는
결단이 있는가?

04

내 생각과
전혀 다른 생각을
주신다

　　　　　내 마음 가운데 강하게 떠오른 생각이나 음성이 하나님의 뜻인지 어떻게 분별할까? 나에게 선명한 한 가지 방법은 이것이다. 내가 바라는 것, 혹은 내 생각과 전혀 다른 마음이 들 때 나는 하나님의 음성이라고 확신한다. 자꾸 마음에 부담이 있는데, 원하는 바가 아닐 때 그것이 하나님의 일 하심이라는 믿음을 갖게 되는 경우가 많다.

　내가 원하면 원하는 쪽으로 자연스레 의견이 기울기 때문에 그런 생각이 떠오를 수 있다. 그런데 정말 한 번도 생각해 본 적이 없는 것, 혹은 내가 정말 꺼려 하는 것들이 강한 부담으로 떠오른다면 오히려 더 강하게 하나님의 뜻이라는 확신을 가져 볼 수 있다.

　미국에 갈 때 그랬고, 제주에 내려올 때 그랬다. 제주는 나에게 꿈이었다. 많을 때는 1년에 세 번 정도 방문했다. 이렇다 할 풍경이 없어도 내가 제주에 와 있다는 사실만으로 힐링 그 자체였다. 이유가 있었다. 내가 가장 고통스러운 시간 속에 있을 때 거의 강제적으로 원하지 않는 제주행을 한 적이 있었다. 교회는 너무 바빴고 마음은 괴로웠고 처리할 일은 산더미처럼 많았을 때 혼자 떠밀려 제주에 왔었다. 어떤 것도 눈에 들어오지 않고 어디를 가야 할지도 모른 채 이름없는 한 언덕에 서서 하염없이 바람을 맞고 있었다. 아무것도 하지 않았고 그저 바다를 바라보며 세찬 바람을 피할 수도 없어 눈물을 흘리며 멍하게 있다 내려왔다. 그런데 가슴 한 켠이 시원해지면서 자연이 가진 치유의 능력을 경험했던 것이다. 그때 이후 제주는 나에게 꿈의 섬이 되었다.

　그럼에도 불구하고 제주에서 거주할 생각은 눈꼽만큼도 없었다. 제주에서 사역을 할 생각도 없었다. 그저 서울에서 활동하다가 잠깐 내려오는 쉼터가 제주였다.

　그래서 제주로 가라고 했을 때 그건 내게 사명이나 일처럼 다가왔고 그래서 오히려 하나님의 뜻이라 확신했다. 단 한 번도 생각해 보지 않은 제안, 그다지 내가 원하지 않는 제안, 그래서 나는 나로부터 나온 생각이 아니라는 것 때문에 더 선명하게 하나님의 인도하심을 느끼고는 했다.

미국에서 비자가 만료되기 전에 연장을 해야 하는 시점이 왔었다. 필요한 서류며 재정이며 어렵게 구비하여 변호사를 통해 비자 신청을 했다. 그런데 거절당했다. 변호사는 정말 의아하다고 했다. 모든 서류가 완벽했는데 그들이 검토하면서 서류를 잘못 보고 그들의 오류로 거절됐다는 거였다. 그래서 다시 검토하고 검토해서 재신청을 했다. 그들이 잘못 본 부분도 확인했고 변호사는 이번엔 무조건 비자가 나올 거라고 장담했다. 그런데 또 거절이 나왔다. 변호사는 이런 적이 없었다며 당황했고 나에게 다시 시도하자고 제안했다. 그런데 그때 내 마음 가운데 어떤 확신 같은 게 들었다. 이상한 일은 한 번이면 족한데, 이상한 일의 반복은 분명 하나님의 뜻이 있을 거라는 확고한 마음이었다. 그 즉시 짐을 쌌다. 해외 살림살이를 혼자 한 달 만에 정리하고 한국으로 들어왔다. 영문을 모르고 들어왔으나 몇 달 후 하나님이 왜 나를 다시 한국으로 오게 하셨는지 알게 되었다. 하나님은 큰 아들의 눈물을 보신 거였다. 둘째는 학업 때문에 다시 미국으로 돌아갔고, 나는 남아서 군대에 가 있는 큰 아들과 함께 했다.

교회에서 사역을 마치고 바로 미국으로 갔으니 나는 한국에서 설교 단상에 서지 못한 채 미국에 갔었다. 미국에 있는 1년 8개월 동안 누구도 나를 불러주지 않았지만, 매주 혼자서 설교 준비를 했다. 언젠가 나를 단 위에 세워 주실 그날을 기대하며 100편의 설교문을 가지고 한국에 돌아왔다. 돌아오자마자 좋은 목회연구소를 오픈하고 사역을 시작했다. 이후 나는 일주일에 일곱 번의 설교를 한 적도 있었다. 미국에서의 시간 동안 책을 두 권을 쓰고 설교 100편을 만들어서 돌아왔다. 그럼에도 그렇게 좋았던 안식의 시간이 다시 없을 만큼 행복한 시간이었다.

하나님의 일하심은 나의 머리로 예측하기 어렵다. 나의 상상을 넘어서는 지점에 하나님의 높으신 생각이 존재하기 때문이다. 만약 그분의 크신 생각에 나의 인생을 맡기기 원한다면 하나님의 생각을 더 많이 들어야 한다. 더 많이 궁금해야 한다. 내가 계획한 나의 인생이 아니라 하나님이 계획하신 그 아름다운 계획 앞에 나를 맡겨 드릴 필요가 있다.

결국 순종을 시작하는 그 힘은 나의 인생을 새롭게 만드는 열쇠가 된다.

- 나의 바람과 다를 때 하나님의 뜻일 확률이 높다.
- 하나님의 응답을 왜곡시키는 본능을 철저히 차단해야 한다.
- 일상 속에서 일어나는 일을 주시하라.
  그 안에 하나님의 메시지가 있을 수 있다.

JUST GO

이상한 일의 반복을
경험한 적이 있는가?

하나님의 일하심은 언제나
나의 상상보다 크고
아름답다는 것을 믿는가?

05

상황 속의
필요를
보여주신다

　　　　　　일상 생활에서 나를 향한 하나님의 뜻을 발견하는 또 하나의 방법은 내 눈에 보이는 필요이다. 우리는 여러 곳에서 공동체 생활을 한다. 가정에서, 학교에서, 직장에서, 교회에서, 동호회 모임 혹은 친구들과의 모임에서 등 다양한 곳에서 우리는 여러 사람들과 함께 나의 삶을 나누며 살고 있다. 그런데 그 가운데 어디서나 불편한 구석을 발견한다. 때로는 지저분한 상황을 만나기도 하고, 누군가가 왕따를 당하거나 외로워 보이는 사람을 발견하기도 한다. 재정적인 필요를 보기도 하고, 때로는 준비되지 않은 상황을 보기도 한다.

만약 내 눈에 그 일이 계속 보인다면, 그건 지적할 일이 아니라 하나님이 나에게 감당하기를 원하시는 것일 수 있다. 어떤 이들은 지저분한 게 전혀 보이지 않는 사람이 있다. 그 사람은 아무리 지시를 해도 그 일을 잘하지 못한다. 물론 개인적으로는 그 사람이 발전해야 하는 부분이지만, 공동체로 봤을 때는 그 필요를 보는 사람이 달란트가 있는 사람이라는 의미이기도 하다. 그러므로 내가 봤다면 내가 해야 하는 일은 아닌지 돌아보기 바란다.

누군가 외로워 보이는 사람이 눈에 띄는가? 그건 다름아닌 내가 그 사람을 위로해 줘야 하는 사인일 수 있다. 다른 사람이 보지 못하는 무언가를 보는가? 그렇다면 그것을 볼 수 있는 내가 그것을 해야 하는 사람일 수 있다.

물론 모든 필요를 내가 다 채워야 하는 건 아닐 거다. 그러나 그런 필요가 보일 때 마음으로 기도하라. '하나님, 이것을 본 제가 이 일을 하기 원하십니까?'라고 말이다. 그리고 진심으로 마음에 다가온다면 서슴지 말고 시작하라. 하나님이 나를 향해 대단한 음성을 들려주신다거나, 내가 성경책을 들고 다니며 이 상황의 답을 찾을 수는 없다.

우리가 사는 일상에서 하나님은 늘 동행하시며 나의 마음 가운데 말씀하시고 바라보게 하시고, 느끼게 하신다는 믿음을 가지자. 그래서 내가 있는 그곳이 하나님의 복의 흘러 넘치는 곳이 된다면 정말 하나님이 기뻐하시지 않을까? 하나님은 우리를 향하여 복의 근원이라고, 복의 통로가 되라고 말씀하신다. 이는 우리에게 하나님의 사랑을 운반하는 파이프와 같은 역할을 감당하라는 의미이다.

내가 하나님이 주시는 은혜와 복의 종착역이 아니다. 하나님의 그 은혜와 복은 나를 통해 지나가야 한다. 나를 통해 다른 사람에게 적셔지고 누려져야 하는 것이다. 그럼 나는 메마르게 될까? 그렇지 않다. 흐르는 물이 썩지 않는 것처럼 내가 하나님의 복을 흘려보낼 때 나는 절대 썩지 않는 생수로, 평생 적셔지는 목 마르지 않는 인생을 살게 되는 것이다.

하나님의 은혜의 통로가 되는 것이야말로 하나님이 기뻐하시는 뜻이다. 그리고 그 은혜의 통로가 되는 방법은 내가 있는 곳에서 내 눈에 보이는 그 필요를 발견하고 그것을 채우는 것이다. 나에게 보게 하신 그 분이 내가 그 일을 시작할 때 그것을 채울 능력을 허락하실 것이다.

하나님의 뜻을 행하는 자는 하나님의 역사를 가장 가까이서 경험하는 자이다. 하나님의 능력을 경험하는 자는 하나님의 놀라우신 사랑을 온몸으로 체험하며 그 기쁨을 누리게 된다.

이 기쁨의 장으로 여러분을 초대한다. 하나님은 여전히 당신에게 말씀하실 것이다. 하나님의 명령 앞에 "제가 가겠습니다!"라고 나설 수 있는 그 용기 앞에 말이다. 하나님은 늘 곁에 동행하시며 나의 새로운 삶의 길을 열어 무료한 신앙생활이 아니라 역동적인 신앙생활로 함께 하실 것이다.

이런 소풍길과 같은 하나님과의 동행의 길로 여러분을 초대한다.

- 어떤 필요를 채우기 원하실 때 하나님은 나에게 그것을 보게 하신다.
- 하나님은 내가 하나님의 은혜를 전달하는 통로가 되길 원하신다.
- 통로가 되는 삶에는 하나님과 동행하는 놀라운 역동성이 있다.

JUST GO

불편한 상황이나
필요의 상황을 볼 때
나는 어떻게 반응하는가?

하나님의 복의 종착역이
나로 되어 있는가?
그렇다면 그것을 흘러가게
할 시간이 되었다.

사명선언문

너희가 흠이 없고 순전하여……세상에서 그들 가운데 빛들로
나타내며 생명의 말씀을 밝혀 _ 빌 2:15-16

1. 생명을 담겠습니다
만드는 책에 주님 주신 생명을 담겠습니다.
그 책으로 복음을 선포하겠습니다.

2. 말씀을 밝히겠습니다
생명의 근본은 말씀입니다.
말씀을 밝혀 성도와 교회의 성장을 돕겠습니다.

3. 빛이 되겠습니다
시대와 영혼의 어두움을 밝혀 주님 앞으로 이끄는
빛이 되는 책을 만들겠습니다.

4. 순전히 행하겠습니다
책을 만들고 전하는 일과 경영하는 일에 부끄러움이 없는
정직함으로 행하겠습니다.

5. 끝까지 전파하겠습니다
모든 사람에게, 땅 끝까지, 주님 오시는 그날까지
복음을 전하는 사명을 다하겠습니다.

서점 안내

광화문점	서울시 종로구 새문안로 69 구세군회관 1층 02)737-2288 / 02)737-4623(F)
강남점	서울시 서초구 신반포로 177 반포쇼핑타운 3동 2층 02)595-1211 / 02)595-3549(F)
구로점	서울시 동작구 시흥대로 602, 3층 302호 02)858-8744 / 02)838-0653(F)
노원점	서울시 노원구 동일로 1366 삼봉빌딩 지하 1층 02)938-7979 / 02)3391-6169(F)
일산점	경기도 고양시 일산서구 중앙로 1391 레이크타운 지하 1층 031)916-8787 / 031)916-8788(F)
의정부점	경기도 의정부시 청사로47번길 12 성산타워 3층 031)845-0600 / 031)852-6930(F)
인터넷서점	www.lifebook.co.kr